新编学生国学丛书

墨子

唐敬杲　选注
余欣然　校订

中国文史出版社

图书在版编目(CIP)数据

墨子/唐敬杲选注;余欣然校订.——北京:
中国文史出版社,2019.10
(新编学生国学丛书/缪天绶等主编)
ISBN 978-7-5205-1505-4

Ⅰ.①墨… Ⅱ.①唐… ②余… Ⅲ.①墨家
②《墨子》-注释 Ⅳ.①B224.2

中国版本图书馆CIP数据核字(2019)第241451号

责任编辑:金　硕

出版发行:**中国文史出版社**
社　　址:北京市海淀区西八里庄路69号院　　邮　　编:100142
电　　话:010-81136606　81136602　81136603　81136605(发行部)
传　　真:010-81136655
印　　厂:北京温林源印刷有限公司
经　　销:全国新华书店
开　　本:880mm×1230mm　1/32
印　　张:5.375
字　　数:60千字
版　　次:2020年2月北京第1版
印　　次:2020年2月第1次印刷
定　　价:23.60元

总　　序

冯天瑜

作为汉字古典词，“国学”本谓周朝设于王城及诸侯国都的贵族学校，以与地方性、基层性的“乡校”“私学”相对应。隋唐以降实行科举制，朝廷设“国子监”，又称“国子学”，简称“国学”，有朝廷主持的国家学术之意。

时至近代，随着西学东渐的展开，与来自西洋的“西学”相比配，在汉字文化圈又有特指本国固有学术文化的“国学”一名出现。如江户幕府时期（1601—1867）的日本人，自18世纪起，把流行的学问归为三类：汉学（从中国传入）、兰学（从欧美传入，19世纪扩称洋学）、国学（从《古事记》《日本书纪》发展而来的日本固有学术）。19世纪末、20世纪初，中国留日学生与入日政治流亡者，以及活动于上海等地的学人，采借日本已经沿用百余年的“国学”一名，用指中国固有的学术文化。1902年梁启超（1873—1929）撰文，以“国学”与“外学”对应，强调二者的互动共济，梁氏曰：“今日欲使外学之真精神普及于祖国，则当转输之任者，必邃于国学，然后能收其效。”（《论中国学术思想变迁之大势》）1905年国粹派在上海创办《国粹学报》，公示“发明国学，保存国粹”宗旨。这里的“国学”意为“国粹之学”。该刊发表章太炎（1869—1936）、刘师培（1884—1920）、陈去病（1874—1933）等人的经学、史学、诸子学、文字训诂方面文章，以资激励汉人的民族精神与文化自信。从此，中国人开始在“中国固有学术文化”意义上使用“国学”一词，为“国故之学”的简称。所谓“国故”，指中国传统的学术文化之故实，此前清人多有用例，如魏源（1794—1857）认为，学者不应迷恋词章，学问要从“讨朝章、讨国故始”（《圣武记》卷一一），这“讨国故”的学问，也就是后来所谓之国学。

经清末民初诸学者（章太炎、梁启超、罗振玉、王国维、刘师培、黄侃、陈寅恪等）阐发和研究，国学所涉领域大定为：小学、经学、史学、诸子、文学，约与现代人文学的文、史、哲相当而又加以综汇，突现了中国固有学术整体性特征，可与现代学校的分科教学相得益彰、彼此促进，故自 20 世纪初叶以来，“国学”在中国于起伏跌宕间运行百年，多以偏师出现，而时下又恰逢勃兴之际。

中国学术素有“文、史、哲不分家”的传统，中国学术的优势与缺陷皆与此传统相关。百年来的中国学校教育仿效近代西方学术体制，高度分科化，利弊互见。其利是促进分科之学的发展，其弊是强为分割知识。为克服破碎大道之弊，有人主张打通文、史、哲壁垒，于是便有综汇中国人文学的“国学”之创设，并编纂教材，进于学校教育、家庭教育、社会教育，其先导性教材结集，为 20 世纪 20 年代至 30 年代原商务印书馆由王云五策划并担任主编的《万有文库》之子系《学生国学文库》。所收均为四部重要著作。略举大凡：经部如诗、礼、春秋，史部如史、汉、五代，子部如庄、孟、荀、韩，并皆刊入；文辞则上溯汉、魏，下迄近代，诗歌则陶、谢、李、杜，均有单本，词则多采五代、两宋。丛书凡 60 册，已然囊括了“国学”之精粹。其鲜明之特色是选注者掺入了对原著的体味，经史诸书选辑各篇，以表见其书、其作家之思想精神、文学技术、历史脉络者为准。其无关宏旨者，概从删削、剔抉。选注者中不乏叶圣陶、茅盾、邹韬奋、傅东华这样的学界翘楚。他们对传统国学了然于胸，于选注自然是举重若轻，驾轻就熟。这样一份业经选注者消化、反刍的国学精神食粮自然更便于国学入门者吸收。

这样一套曾在20世纪初在传播传统文化、普及国学知识方面起到重要的作用的丛书即便今天来看也是历久弥新。中国文史出版社因应时势，邀约深谙国学之行家里手于原辑适当删减、合并、校勘，以 30 册 300 余万言，易名《新编学生国学丛书》呈献当今学子。诸书均分段落，作标点，繁难字加注音，以便省览。诸书原均有注释，古籍异释纷如，原已采其较长者，现做适当取舍、增删。诸书较为繁难、多音多义之字，均注现代汉语拼音，以便讽颂。诸书卷首，均有选注者序，述作者生平、本书概要、参考书举要等，凡所以示读者研究门径者，不厌其详，现一仍其旧。

这样一套入门的国学读物，读者苟能熟读而较之，冥默而求之，国学之精要自然神会。

是为序。

校订说明

丛书原名《学生国学文库》，为 20 世纪二三十年代商务印书馆王云五主编《万有文库》之子系，现易名《新编学生国学丛书》，奉献给广大国学爱好者。

原丛书共 60 种，考虑到难易程度、四部平衡、篇幅等因素，在广泛征求专家意见基础上，现删减为 34 种 30 册。

基本保留了原书的篇章结构。因应时势有极少量的删节。

原文部分，均选用通用、权威版本全文校核，参以校订者己见做了必要的校核和改订。为阅读的通顺、便利，未一一标注版本出处。

注释根据原文的结构分别采用段后注、文后注，以便读者省览。原注作了适当增删，基本上保持原文字风格，之乎者也等虚词适当剔除，增删力求通畅、易懂，避免枝蔓。典实、注引做了力所能及的查证，但因才学的有限疏漏可能在所难免。

原书为繁体竖排，现转简体横排。简化按通行规则，但考虑到作为国学读物，普及小学知识亦在情理之中，故而保留了少量通假字、繁体字、异体字，一般都出注说明。或许亦可增加读者的阅读兴趣和扩大知识面。

生僻、多音字作相应注音，原反切、同音、魏妥玛注音，均统一改现代汉语拼音。

国学读物校订，工作浩繁，往往顾此失彼，多有不当处，还望读者指正。

凡　例

本书底本，系采用上海涵芬楼四部丛刊影印明嘉靖癸丑刊本。

本书所采录者，为研究墨学最关重要之各篇。伪作各篇，专言守御各篇，与《经》上下至大小取须另为专书之六篇（参看上叙），悉屏不录。又《尚贤》至《非命》，每题各有上中下三篇，文义大抵相同；本书除《兼爱》《非攻》《节用》外，每题各取最详尽之一篇而略其余。惟所采录之各篇，悉为全篇，篇中不复删节。

本书注释但求文义明了；望文知义者，概不加注。注释，以《墨子闲诂》《墨子闲诂补》及《墨子闲诂补正》为主要根据书籍。

本书遇有衍文、讹字，经各家考证，或与各本互勘，认为确实者，加［　］符标明；增字、改字，则用小号字偏列右旁，并注明根据何本或何家所说。

本书除加标点外，更视文义起讫，分段落。

本书所用各家之省称（全称省略）如次：

“毕说”——毕沅：“孙（星）说”——孙星衍；“卢说”——卢文弨；“王说”——王念孙；“王（引）说”——王引之；“惠说”——惠栋；“洪说”——洪颐煊；“庄说”——庄述祖；“张说”——张惠言；“江说”——江慎修；“戴

说”——戴望；“杨说”——杨葆彝；“苏说”——苏时学；“俞说”——俞樾；“孙说”——孙诒让；“王（闿）说”——王闿运（又所称“王本”，亦即王闿运注本）；“王（景）说”——王景羲；“王（树）说”——王树枏；“李说”——李笠；“户崎说”——户崎允明；“陶说”——陶鸿庆；“吴说”——吴汝纶；“吴（闿）说”——吴闿生；“刘说”——刘师培；“曹说”——曹耀湘。

绪　言

一、墨子传

墨子之年代　墨子何时人，太史公仅为传疑之辞，曰："并孔子时，或曰：'在其后。'"（《史记·孟荀列传》）于是，墨子之年代，遂为学者所聚讼：《汉书·艺文志》谓在七十子之后；后汉张衡谓当子思时（《后汉书》本传）；毕沅谓六国时人，至周末犹存（墨子序）；汪中谓在宋景公时代（《述学》内篇三）；孙诒让谓当生于周定王之初年，而卒于安王之季（《墨子》后语）；胡适之谓生在周敬王二十年与三十年之间，死在周威烈王元年与十年之间（《哲学史大纲》一六七页）。梁任公《墨子学案》附有墨子年代考，于墨子生卒年代考证特详，谓当生于周定王初年（前468至前459），约当孔子卒后十余年；卒于周安王中叶（前390至前382），约当孟子前十余年。似较确当。

墨子之生地　墨子生地，古来又不一其说：《吕氏春秋·当染篇》，《慎大篇》高注，谓是鲁人；《文选·长笛赋》李注、《荀子·修身篇》杨注、葛洪《神仙传》、郑樵《通志》，均谓之宋人；而清儒毕沅、武亿，则均谓是楚之鲁阳人。宋人、楚人之说，前人已多驳论，不能成立，依本书所载事实考之，似当以鲁人之说为是。（如《贵义篇》云："子墨子自鲁即齐。”《鲁问篇》云：“越王为公尚过束车五十乘，以迎子墨子于鲁。”又《公输篇》云：“子墨子闻之，自鲁往，裂裳裹足，日夜不休，行十日十夜而至于郢。”）

墨子之事迹　墨子名翟，姓墨氏，生于鲁。鲁惠公时，周史角来鲁教郊庙之礼，其裔有留鲁者，墨子学焉（据《吕氏春秋·当染篇》）。史角之学，出于史佚，《汉书·艺文志》墨家以尹、佚二篇列首，盖为此也。其居鲁也，鲁君问以御齐之法，墨子教以尊天、事鬼、爱利百姓、交好邻国，举国而从事于战（见《鲁问篇》）。楚惠王时，鲁之巧人公输般为楚作云梯，将以攻宋。墨子闻之，自鲁往，裂裳裹足，日夜不休，行十日十夜而至于郢。见公输般，且因以见楚王，陈非攻之义，王及公输不能难，而攻城之念不衰。墨子乃与公输角攻守之技，公输九设攻城机变，墨子九距之；公输之攻械尽，墨子之守圉有余。公输般诎而曰：“吾知所以距子矣，吾不言。”墨子亦曰：“吾知子之所以距我，吾不言。”楚王问其故，墨子曰：“公输子之意，不过欲杀臣，杀臣，宋莫能守，乃可攻也。然臣之弟子禽滑釐等三百人，已持臣守圉之器，在宋城上而待楚寇矣。”楚王曰：“善！”乃止不攻宋。其后楚鲁阳文君欲攻郑，墨子说而罢之；齐欲伐鲁，墨子又说而罢之。

楚惠王五十年，墨子至郢，献书惠王。王受而读之，曰：“良书也！寡人虽不得天下，而乐养贤人。”墨子辞曰：“翟闻贤人进，道不行不受其赏，义不听不处其朝；今书未用，请遂行矣。”王使鲁阳文君追墨子，以书社五里封之，不受而去（《渚宫旧事》二一）。越王使公尚过以车五十乘，迎墨子，请裂故吴之地五百里封焉。墨子谓公尚过：“子观越王之志何若？越王听吾言，用吾道，则翟将往，量腹而食，度身而衣，自比于群臣，奚以封为？越王不听吾言而我往焉，则是吾以义粜也。钧之粜，亦于中国耳，何必于越哉？”（见《鲁问篇》）

晚年至齐，说齐太公非攻之义。在周安王之十余年时殁，年约七八十岁。

孟子曰：“墨子摩顶放踵，利天下为之。”庄子曰：“墨者多以裘褐为衣，以跂跻为服；日夜不休，以自苦为极。”又曰：“墨子真天下之好也！将求之不得也，虽枯槁不舍也。”

二、墨子书及其注校

墨子书，《汉书·艺文志》载称七十一篇，《隋书·经籍志》载十五卷，目一卷。宋中兴阁书目载称十五卷、六十一篇，盖七十一篇中已亡其九矣（其阙佚，当在唐中叶以后）。今本卷数同隋志，篇数则仅存五十三篇（所佚十八篇中，八篇尚存目录，其他十篇，并目录亦亡）。

墨子书多非墨子自著。如《亲士》《修身》《所染》三篇，全无墨家口气，当为后人伪托无异。《法仪》《七患》《辞过》《三辩》四篇，乃掇拾他篇余论为之，疑亦为后人伪作。《尚贤》以下至《非命》，每题各有三篇，则为墨子三派弟子，各记其所闻师说；篇中皆有“子墨子曰”字样，此其证也。《经》上下、《经说》上下、《大取》《小取》六篇，即鲁胜所谓“墨辩”；其中，《经》上下二篇，或系墨子自著。《耕柱》《贵义》《公孟》《鲁问》《公输》五篇乃为墨子弟子辑集墨子一生言行为之，体裁略同《论语》。《备城门》以下十一篇，专言守御之法，亦为弟子所记录。

墨子之学，虽一时风靡天下，其后寝息。后之学者，又惑孟子之说，此书之研究者遂少。其在历史上所著录之注释书，以善书《隐逸传》所载鲁胜之《墨辩注》为嚆矢，宋郑樵《通志》复有乐台注本之著录，然今皆已亡佚。是以，古字、古言，错简误脱，触处皆是，几于不可句读。至清代乾隆间，汪中始治此书，有校本及表征一卷，今皆不传。同时，毕沅、孙星衍、卢文弨等合力注释、校雠，发行《经训堂墨子注》十六卷，其后，王念孙摘条校注，为《读墨子杂志》六卷；俞樾著《墨子平议》三卷；苏时学著《墨子刑误》若干卷。至光绪间，孙诒让集诸家说，参酌折衷，更断以己所心得，著《墨子闲诂》十五卷，详密精审，实所未有，近李笠复有《墨子闲诂校补》之作，取各种版本与定本闲诂互勘，并撷集近顷各家之说，参以己意，发明亦颇多。（又近人撰定本《墨子闲诂补正》，体裁略同李书，而尤为精博。）

三、墨家流派

墨子之学，在战国当时，极为隆盛，其徒属满天下，与儒者互争思想界之霸权。《吕氏春秋·当染篇》曰：“孔、墨之后学，显荣于天下者众矣，不可胜数。”又曰：“孔、墨徒属弥众，弟子弥丰。”可以见其盛况也。其直接受业于墨子者，如《公输篇》曰：“臣之弟子禽滑釐等三百人。”《淮南子》亦谓：“墨子服役者百八十人，皆可使赴火蹈刃，死不旋踵。”然此三百人与百八十者，因史无专纪，今已多不能举其名姓。其见于本书及先秦诸子者，为禽滑釐、高石子、高何、县子硕、公尚过、耕柱子、魏越、隋巢子、胡非子、管黔滶、高孙子、治徒娱、跌鼻、曹公子、胜绰、彭轻、孟山、弦唐子等十五人。其中，隋巢子著书六篇，胡非子著书三篇。

又《韩非子·显学篇》云：“自墨子亡死也，有相里氏之墨，有相夫氏之墨，有邓陵氏之墨：墨离为三。”此三派传授系次，今已不可得考。惟《庄子·天下篇》有曰“相里勤之弟子五侯之徒，南方之墨者苦获、已齿、邓陵子之属，俱诵墨经而倍谲不同，相谓‘别墨’”云，则相里氏传之五侯子，邓陵氏一派又有苦获、已齿，而为南方之墨者也。

又《庄子·天下篇》云：“以巨子为圣人，皆愿为之尸，冀得为其后世。”盖墨家已寖假成为一种宗教，而所谓“钜子”者，即其教主也。墨家钜子见于《吕氏春秋》者，有孟胜、田襄子、腹䵍三人。

其为墨家之余流，而尤有重要之地位者，则有宋钘、尹文、惠施、公孙龙等。

宋钘宋人，《孟子·告子》下作“宋牼”，《庄子·逍遥游》《韩非子·显学篇》作“宋荣子”，《荀子·非十二子篇》、《天论篇》等，与墨子并称。观其主张“人我之养，毕足而止”，“见侮不辱，救人之斗，禁攻，寝兵，救世之战”，(《庄子·天下篇》）与说秦楚罢兵（《孟子·告子下》）当为奉行墨子节用、非攻、兼爱等主义者。

惠施、公孙龙，皆所谓名家者流。鲁胜墨辩注叙谓墨子著书，依辩经以立名本；惠施、公孙龙祖述其学，以正别名。惠施之说，《庄子·天下篇》中所载最详。公孙龙著书六篇传世。二人之说皆与墨经出入，盖在论理学方面发挥墨子之学。

尹文，《庄子·天下篇》中以与宋钘并称。《公孙龙子·迹府篇》《吕氏春秋·正名篇》皆载尹文“见侮不辱”之论，当亦为宋钘之流著书二篇。

四、墨学渊源

《汉书·艺文志》谓：

墨家者流盖出于清庙之守：茅屋、采椽，是以贵俭；养三老、五更，是以兼爱；选士、大射，是以上贤；宗祀严父，是以右鬼；顺四时而行，是以非命；以孝视天下，是以尚同。

又《淮南子·要略训》曰：

墨子学儒者之业，受孔子之术，以为其礼烦扰而不悦，厚葬靡财而贫民，久服丧生而害义，故背周道而用夏政。禹之时，天下大水，禹身执虆筆，以为民先，剔河而道九岐，凿江而通九路，辟五湖而定东海。当此之时，烧不暇撌，濡不给抆，死陵者葬陵，死泽者葬泽，故节财薄葬，闲服生焉。

班志九流之观察，乃本于《左传》所谓“天子之官，学在四夷”之意。虽墨子曾学于史角之后，然则其所论，实多牵强附会。淮南之说差为近是。墨学为儒教之反抗，绝无疑义。盖墨子既生当孔学极盛之时，一般孔门弟子，又多墨守教说，不顾时势之变迁；墨子乃起而自创新说，以与之抗。如孔子正名，墨子崇宝；孔子不信鬼神，墨子则倡明鬼；孔子以富贵寿夭为在于天命，墨子则倡非命；孔子以礼荣为治国之要具，叹美周代之文治，墨子则立非乐、节用、节葬之说，谓墨子之学尽本于夏禹，则殊未确当。此节汪中《墨子》后序辩之详矣。其言曰：

夏后氏三年之丧，既殡而致事，则夏之为父三年矣。禹崩，三年之丧毕，益避禹之子于箕山之阴，则夏之为父三年矣。从是观之，它服术可知也。士丧礼小敛奠，大敛奠，皆用夏祝；使夏后氏制丧三月，祝岂能习其礼以赞周人三年之丧哉？若夫陵死葬陵，泽死葬泽，此为天下大水不能具礼者言之也；荒政杀哀，周何尝不因于夏礼以聚万民哉？

则淮南所谓“背周道而用夏政”之说，宁有成立之余地？总之，墨子之学纯为时势之反动，而一本于其救世之热诚者。《鲁问篇》墨子答后越之语，最足以表示此种精神。其言曰：

凡入国，必择务而从事焉。国家昏乱，则语之尚贤、尚同；国家贫，则语之节用、节葬；国家熹音、沉湎，则语之非乐、非命；国家淫僻无礼，则语之尊天、事鬼；国家务夺侵凌，则语之兼爱、非攻。故曰“择务而从事焉”。

盖墨子之学说，乃斟酌时代之需要，因事制宜，以自成其一家之说者。如必谓其遵何制度，出何师说，则皆拘墟之见，不足信也。

五、学说概要

（一）思想方法　墨子之学，在我国古代学术界中，实最多科学实验之精神者。其《经》上下诸篇，既为名学之先导，与欧洲之逻辑，印度之内明，相为辉映；故其学说之立论，无不取首尾一贯之论理形式。其言曰：

凡出言谈，则不可不先立仪而言。若不先立仪而言，譬之犹运钧之上而立朝夕焉也；我以为虽有朝夕之辩，必将未可得而从定也。(《非命下》)

盖谓任何言论，无不须合于逻辑也，然则墨子逻辑之方法若何？《非命下》又曰：

是故言有三法。何谓三法？曰：“有考之者，有原之者，有用之者。”恶乎考之？考先圣大王故事。恶乎原之？察众之耳目之请。恶乎用之？发而为政乎国，察万民而观之。此谓三法也。

三法亦谓之“三表”。上“考之”之一法，即所谓演绎法也；下“原之”“用之”之二法，即所谓归纳法也。墨子全书之论证，殆无不出此方式。墨子斥空想，崇实行，其所以重视理论之应用者，盖非偶然也。

（二）兼爱主义　墨子之根本主义，厥惟兼爱。彼以为天下之祸乱，皆起于不相爱。不相爱，则思亏人以自利，人各思亏人以自利，则攻杀篡夺，社会不可以一日安矣。然则兼爱之道奈何？曰：

视人之国若视其国；视人之家若视其家；视人之身若视其身。(《兼爱中》)

盖谓爱人犹爱己，而无所亲疏厚薄于其间也。墨子更从自利方面以推论兼爱之不可以已，其言曰：

吾不识孝子之为亲度者，亦欲人爱利其亲与？意欲人之恶贼其亲与？以说观之，即欲人之爱利其亲也。然即吾恶先从事乃得此？……即必吾先从事乎爱利人之亲，然后人报我以爱利吾亲也……大雅之所道曰：“无言而不雠，无德而不报；投我以桃，报之以李。”即此，言爱人者必见爱也，而恶人者必见恶也。(《兼爱下》)

即谓爱人者，人亦从而爱之，结果，还是自爱。然则人更何乐而不兼爱人欤？至于墨子理想中之兼爱社会，如曰：

以兼为正，是以聪耳明目，相与视听乎；是以股肱毕强，相为动宰乎，而有道肆相教诲；是以老而无妻子者，有所持养以终其寿；幼弱孤童之无父母者，有所放依以长其身。(《兼爱下》）则与儒教所谓“大同”之理想，以及近代之社会主义，若合符节。

其他非攻之说，即自此兼爱主义直接衍出；而上同、天志、明鬼等说，则为所以遂行此兼爱主义之必要方法。

（三）实利主义　实利主义亦为墨子根本观念之一。彼以为人类不能不有利欲之冲动，必“示之以利”，“方能使行之终身不餍，殁世而不卷”。（《节用中》）故其所提出之教义，无不以有利与否为标准。如曰：

兼而爱之，从而利之。（《尚贤中》）

我本原兼之所生，天下之大利者也；我本原别之所生，天下之大害者也。（《兼爱下》）

所攻者不利，而攻者亦不利，是两不利也。（《贵义》）

惟墨子之所谓利，乃利于最大多数之利，而非少数人之私利。墨子之言曰：

譬若医之药人有病者然。今有医于此，和合其祝药之于天下之有病者而药之，万人食之；若医四五人得利焉，犹谓之非行药也。（《非攻中》）

盖其所谓利，即犹西洋乐利派之所谓“最大多数的最大幸福”也。

墨子之学既以实利为标准，自必反对奢侈与无益之糜费。一切服用，以能维持生命为止。“黍稷不二；羹胾不重。饭于土塯；啜于土塯。冬服绀緅之衣，轻且暖；夏服絺绤之衣，轻且清。”（《节用中》）凡有过此以上之享用与“诸加费不加利于民者”，彼即认为“暴夺人衣食之财”（《非乐上》）而痛绝之。此即节用篇之要旨；其他节葬、非乐，亦为此种主张必然之结论。

（四）力行主义　墨子又主张极端之勤劳主义，“日夜不休，以自苦为极”。其言曰：赖其力者生，不赖其力者不生。君子不强听治，即刑政乱；贱人不强从事，即财用不足。（《非乐上》）墨子既主张力行，而定命之观念最不能与此主义相容，此所以又有非命之论也。其言曰：

今虽毋在乎王公大人，藉若信有命而致行之，则必怠乎听狱治政矣；卿大夫必怠乎治官府矣；农夫必怠乎耕稼树艺矣；妇人必怠乎纺绩织纴矣，则我以为天下衣食之财，必将不足矣。（《非命下》）

墨子精气磅礴之实践精神，盖亦此主义之一面。

（五）有神论　墨子唯恐所谓“示之以利”者，尚不足以维系人心，使对于其兼爱、节用、力行等之教义，行之“终身不餍，殁世而不卷”；于是又设为天，设为鬼神，以为制裁之力，此天志、明鬼之所由作也。墨子以为天具有一种意志，为吾人行为之绝对标准。其言曰：我有天志，譬若轮人之有规，匠人之有矩，以度天下之方圜，曰：中者是也，不中者非也。（《天志上》）

然则天之意志为何？墨子答之曰：“兼相爱，交相利。”墨子之言曰：

故欲富且贵者，当天而不可不顺，顺天意者，兼相爱，交相利，必得赏；反天意者，别相恶，交相贼，必得罚。（《天

志上》)

墨子既设为天志，以为赏罚之标准；于是，又假定多数鬼数，以佐天下而行赏罚。其言曰：吏治官府之不廉洁，男女之无别者，有鬼神见之；民之为淫暴、寇乱、盗贼……夺人车马、衣裘以自利者，有鬼神见之。(《明鬼下》)

墨子以为天下人之所以敢于为恶，皆在于不知畏敬鬼神。故其言曰：

是以天下大乱，此其故何以然也？则皆疑鬼神之有与无之别，不明乎鬼神之能赏贤而罚暴也。今若使天下之人借若信鬼神之能赏贤而罚暴也，则夫天下岂乱哉？(《明鬼下》)

可知墨子之有神论，绝非为形而上学上思索之结果，乃为藉宗教的信仰以厉人为善者。

其他关于《经》上下《经说》上下等篇论理学之部分，则以须另行提出，勒为专书，兹不具赘。

唐敬杲

1925 年 9 月 10 日

目　录

尚[1]贤中

子墨子言曰：今王公大人之君人民，主社稷，治国家，欲修[2]保而勿失，故不察尚贤为政之本也[3]。何以知尚贤之为政本也？曰：自贵且智者，为政乎愚且贱者，则治；自愚且贱者，为政乎贵且智者，则乱。是以知尚贤之为政本也。

①尚：尊尚也。　②修：犹“长”也。　③故，与“胡”，与“邪”，古均相通，并疑问词。

故古者圣王甚尊尚贤而任使能，不党父兄，不偏贵富，不嬖颜色。贤者举而上之，富而贵之，以为官长；不肖者抑而废之，贫而贱之，以为徒役。是以民皆劝其赏，畏其罚，相率而为贤。［者］是[1]以贤者众而不肖者寡。此谓“［进］尚[2]贤”。然后圣人听其言，迹其行，察其所能而慎予官，此谓“事[3]能”。故可使治国者，使治国；可使长官者，使长官；可使治邑者，使治邑：凡所使治国家、官府、邑里，此皆国之贤者也。

①者，依俞说改“是”。　②进，依孙说，据上文，改“尚”。　③事：与“使”同。

贤者之治国［者］[①]也，蚤[②]朝晏退，听狱治政，是以国家治而刑法正。贤者之长官也，夜寝夙兴，收敛关市、山林、泽梁之利，以实官府，是以官府实而财不散。贤者之治邑也，蚤出莫[③]入，耕稼、树艺、聚菽粟，是以菽粟多而民足乎食。故国家治则刑法正，官府实则万民富。上有以絜为酒醴、粢盛以祭祀天鬼[④]；外有以为皮币，与四邻诸侯交接；内有以食饥息劳，将养其万民，［外有以］[⑤]怀天下之贤人。是故上者天鬼富[⑥]之，外者诸侯与之，内者万民亲之，贤人归之。以此谋事则得，举事则成，入守则固，出诛则强。故唯[⑦]昔三代圣王，尧、舜、禹、汤、文、武之所以王天下、正[⑧]诸侯者，此亦其法已。

---

①者，依他本删。　②蚤：同“早”。　③莫：与“暮”通。　④絜：为“洁”之本字。粢盛：祭品也。黍稷曰粢，在器曰盛。　⑤外有以，依王说删。　⑥富：与“福”古通用。　⑦唯：与“虽”古通用。　⑧正：长也；正诸侯，为诸侯之君长也。

既［曰］云若法[①]，未知所以行之术，则事犹若未成。是以必为置三本。何谓“三本”？曰：爵位不高，则民不敬［矣］也[②]；蓄禄不厚，则民不信也；政令不断，则民不畏也。故古圣王高予之爵，重予之禄，任之以事，断予之令，夫岂为其臣赐哉？欲其事之成也。《诗》曰：“告女忧恤，诲女予［鬱］爵[3]；孰能执热，鲜不用濯？”[4]则此语古者国君诸侯之不可以不执[5]善，承嗣辅佐也，譬之犹执热之有濯也，将休其手焉。

①曰，依俞说改“云”。云：有也。若：犹“此”也。谓既有此种登用贤士之方法也。　②矣，依诸本改“也”。③女：与“汝”同。恤：亦忧也。鬱，依卢、毕、王说，改“爵”。谓我语汝以忧天下之忧，教汝与贤士官爵也。　④谁能执热而不以冰水濯手，盖谓治国之道，当用贤者也。　⑤执：亲也。

古者圣王，唯毋[1]得贤人而使之，般[2]爵以贵之，裂地以封之，终身不厌。贤人唯毋得明君而事之，竭四肢之力以任君之事，终身不倦。若有美善，则归之上。是以，美善在上，而［所］[3]怨谤在下；宁乐在君，而[4]忧戚在臣。故古者圣王之为政，若此。

①毋：语助词，无意义。　②般：读如“颁”。③所，依王景羲说删。　④而，依王景羲说增。

今王公大人亦欲效人[1]以尚贤使能为政，高予之爵而禄不从[2]也。夫高爵而无禄，民不信也，曰：“此非中实爱我也。假藉[3]而用我也。”夫假藉之民，将岂能亲其上哉？故先王言曰：［食］贪[4]于政者，不能分人以事；厚于货者，不能分人以禄。事则不与，禄则不分，请问天下之贤人，将何自至乎王公大人之侧哉？

---

①效人：谓效古人之为政也。 ②禄不从：谓秩禄不随爵位而增益也。 ③藉："借"本字。假藉：谓假借高爵之虚名也。 ④食，依毕校改"贪"。

若苟贤者不至乎王公大人之侧，则此不肖者在左右也。不肖者在左右，则其所誉不当贤，而所罚不当暴。王公大人尊此以为政乎国家，则赏亦必不当贤，而罚亦必不当暴。若苟赏不当贤而罚不当暴，则是为贤者不劝而为暴者不沮矣。是以入则不慈孝父母，出则不长弟乡里；居处无节，出入无度，男女无别。使治官府则盗窃，守城则倍畔，君有难则不死，出亡则不从，使断狱则不中，分财则不均，与谋事不得，举事不成，入守不固，出诛不强。故虽昔者三代暴王桀、纣、幽、厉之所以失措[①]其国家，倾覆其社稷者，已[②]此故也。何则？皆以明小物而不明大物[③]也。

---

①措：废也。 ②已：与"以"古通。 ③物：犹事也。

今王公大人，有一衣裳不能制也，必藉良工；有一牛羊不能杀也，必藉良宰。故当若之二物者[①]，王公大人［未］皆[②]知以尚贤使能为政也。逮至其国家之乱，社稷之危，则不知尚贤[③]使能以治之；亲戚则使之，无故[④]、富贵、面目佼[⑤]好则使之。夫亲戚[⑥]无故、富贵、面目佼好则使之，岂必智且有慧哉？

若使之治国家，则此[7]使不智慧者治国家也，国家之乱既[8]可得而知已。

①之：犹“此”也。二物：上制衣裳与牛羊二事也。②未，依李本改“皆”。③尚贤，依苏说增。④无，当作“毋”。毋：与“惯”通；毋故：谓惯习故旧之人也。⑤佼：通作“姣”。⑥亲戚，依陶鸿庆说增。⑦此：犹“是”也。⑧既：犹“其”也。

且夫王公大人有所爱其色而使，其心不察其知而与其爱。是故，不能治百人者，使处乎千人之官；不能治千人者，使处乎万人之官。此其故何也？曰［若］处若[1]官者爵高而禄厚，故爱其色而使之焉。夫不能治千人者，使处乎万人之官，则此官什倍也[2]。夫治之法，将日至者也[3]。日以治之，日不什修[4]；知以治之，知不什益；而予官什倍，则此治一而弃其九矣。虽日夜相接以治若官，官犹若不治，此其故何也？则王公大人不明乎以尚贤使能为政也。

①若处，依王说改“处若”。若：犹“此”也。谓以处此官者，爵高而禄厚，故特用其所爱也。②此官什倍：谓此官职之大，十倍于其才能也。③谓政事之施行，不可以一日废也。④修：长也。日不什修：谓一日之时间，不能十倍其长也。

故以尚贤使能为政而治者，夫若言之谓也[1]；以下贤不使能为政而乱者，［若］吾若言之谓也[2]。今王公大人，中实将欲治其国家，欲修保而勿失，胡不察尚贤为政之本也？

---

①夫：犹“彼”也。夫若言：与下吾若言相对为文。②不使能：依孙说增。若吾：依孙说，改“吾若”。

且以尚贤为政之本者，亦岂独子墨子之言哉？此圣王之道，先王之书《距年》之言也[1]。《传》曰：“求圣君哲人，以裨辅而身[2]。”《汤誓》曰：“聿求元圣，与之戮力同心[3]，以治天下。”则此言圣王[4]之不失以尚贤使能为政也。故古者圣王唯能审以尚贤使能为政，无异物杂焉，天下皆得其利[5]。

---

①距：同“巨”，犹大也。巨年：盖谓老年人也。　②裨：补也。而：汝也。　③聿：遂也。戮：为“勠”之借字。勠：并力也。　④王，依孙说增。　⑤谓尊卑登否，皆得其等列，无僭越也。

古者，舜耕历山，陶河濒[1]，渔雷泽，尧得之服泽之阳，举以为天子，与接天下之政，治天下之民。伊挚有莘氏女之私臣[2]，亲为庖人，汤得之，举以为己相，与接天下之政，治天下之民。傅说被褐带索，庸[3]筑乎傅岩，武丁得之，举以为三公，与接天下之政，治天下之民。此何故始贱卒而贵，始贫卒而富？则王公大人明乎以尚贤使能为政。是以民无饥而不得食，寒而不得衣，劳而不得息，乱而不得治者。故古圣王以审以尚贤使能为政，而取法于天。

---

①濒：古“滨”字。　②伊挚：伊尹。挚：伊尹名也。有莘：地名，在今河南开封东南。　③庸：与“佣”同。

虽天亦不辩贫富贵贱，远迩亲疏，贤者举而尚之，不肖者抑而废之。

然则富贵为贤，以得其赏者，谁也？曰：若昔者三代圣王尧、舜、禹、汤、文、武者是也。所以得其赏何也？曰：其为政乎天下也，兼而爱之，从而利之，又率天下之万民以尚尊天事鬼，爱利万民。是故，天鬼赏之，立为天子，以为民父母，万民从而誉之曰“圣王”，至今不已。则此富贵为贤，以得其赏者也。

然则富贵为暴，以得其罚者，谁也？曰：若昔者三代暴王桀、纣、幽、厉者是也。何以知其然也？曰：其为政乎天下也，兼而憎之，从而［贱］贼之①，又率天下之民以诟天侮鬼［贱傲］贼杀②万民。是故，天鬼罚之，使身死而为刑戮，子孙离散，室家丧灭，绝无后嗣；万民从而非之曰“暴王”，至今不已。则此富贵为暴，而以得其罚者也。

①贱，依王说改“贼”。　②贱傲，依王说改“贼杀”。

然则亲而不善，以得其罚者，谁也？曰：若昔者伯鲧，帝之元子，废帝之德庸，既乃刑之于羽之郊，乃热照无有及也①，帝亦不爱。则此亲而不善以得其罚者也。

①谓幽囚之，日月所不照也。

然则天之所尚贤①使能者，谁也？曰：若昔者禹、稷、皋陶是也。何以知其然也？先王之书《吕刑》道之曰：“皇帝清问下民，有辞有苗②。曰：‘群后之肆在下③，明明不常④，鳏寡不盖⑤。德威维威，德明维明⑥。’乃名三后，恤功于民⑦。伯夷降典，哲民维刑⑧；禹平水土，主名山川⑨；稷隆⑩播种，农⑪殖嘉谷。三后成功，维假于民。⑫”则此言三圣人者，谨其言，慎其行，精其思虑，索天下之隐事遗利。以上事天，则天乡⑬其德；下施之万民，万民被其利，终身无已。

①尚贤，依刘师培说增。　②皇帝：帝尧也。谓帝尧问民何患，民皆以有苗之害为答也。　③曰：帝尧言也。群后：诸侯也。肆：与“逮”古通。谓上自诸侯，下逮百官臣工也。④明明：谓明显有德之人。不常：犹言立贤无方也。　⑤鳏寡不盖：谓即鳏寡无依之人，亦得以贤能举用，无有掩蔽也。⑥德所威，则人皆畏之，言服罪也；德所明，则人皆尊宠之，言得人也。　⑦名：与“命”通。三后：伯夷、禹、稷也。恤：

忧虑也。谓尧命三后，忧虑民事也。　⑧哲：“折”之借字。折，制也。谓伯夷须典礼于民，其有不从者，制之以刑法也。　⑨主名山川：谓定山川之名称也。　⑩隆：与“降”古通。　⑪农：勉也。　⑫假：与“嘏”古通。嘏：大也，远也。谓三后所成之功绩，其被于民者，远且大也。　⑬乡：与“享”通。

故先王之言曰：此道也，大用之天下，则不［究］窕[①]；小用之，则不困，修用之，则万民被其利，终身无已。《周颂》道之曰：“圣人之德，昭于天下，若天之高，若地之普。［其有昭于天下也］[②]若地之固，若山之承[③]，不坼不崩；若日之光，若月之明，与天地同常[④]。则此言圣人之德，章明博大，埴[⑤]固以修久也。故圣人之德，盖总乎天地者也。”

---

①究，依一本改“窕”。窕：不满也，有余之义。　②此句依俞说改。　③承：与“丞”通，翊也。　④谓与天地同其悠久也。　⑤埴：黏土也，坚牢之义。

今王公大人欲王天下，正诸侯，［天］夫[①]无德义，将何以哉？其说将必挟震威强，今王公大人将焉取挟震威强哉？倾者民之死也[②]。民，生为甚欲，死为甚憎，所欲不得而所憎屡至，自古及今未有尝能有以此王天下、正诸侯者也。今王公[③]大人欲王天下，正诸侯，将欲使意得乎天下，名成乎后世，故不察尚贤为政之本也[④]。此圣人之厚行也。

①天，依诸本改“夫”。　②倾：谓逾越而胜之也。者：为“诸”略字也，古与“邪”通。倾诸民之死也，犹言驱民使必死以相倾邪？　③王公，依陈说增。　④故：与“胡”通。为，依上文增。

尚同下①

子墨子言曰：知者之事，必计国家百姓所以治者而为之，必计国家百姓之所以乱者而辟②之。然计国家百姓之所以治者何也？上之为政，得下之情则治，不得下之情则乱。

①尚：与“上”通；上同，谓取法乎上也。 ②辟：与“避”通。

何以知其然也？上之为政，得下之情，则是明于民之善非①也。若苟明于民之善非也②，则得善人而赏之，得暴人而罚之也。善人赏而暴人罚，则国必治。上之为政也，不得下之情，则是不明于民之善非也。若苟不明于民之善非，则是不得善人而赏之，不得暴人而罚之。善人不赏而暴人不罚，为政若此，国［众］家③必乱。故赏罚④不得下之情，而⑤不可不察者也。

①善非：尤谓善不善。 ②若：如此也。非：与“否”通用。 ③众，依秋仪说改“家”。 ④罚，依苏说增。⑤而：与“此”同。

然计得下之情，将奈何可？故子墨子曰：唯能以尚同一义为政，然后可矣。何以知尚同一义之可而[1]为政于天下也？然胡不审稽古之［治］始为政之说乎[2]。

①而：犹“以”也。　②然：犹“是”也。治，依俞说改“始”。

古者天之始生民，未有正长也，百姓为人[1]。若苟百姓为人，是一人一义，十人十义，百人百义，千人千义。逮至人之众不可胜计也，则其所谓义者，亦不可胜计。此皆是其义而非人之义，是以厚者有斗而［荡］薄者有争[2]。是故天［下］[3]之欲同一天下之义也。是故选择贤者，立为天子。天子以其知力为未足独治天下，是以选择其次，立为三公。三公又以其知力为未足独左右[4]天子也，是以分国建诸侯。诸侯又以其知力为未足独治其四境之内也，是以选择其次，立为卿之[5]宰。卿之宰又以其知力为未足独左右其君也，是以选择其次，立而为乡长、家君。是故古者天子之立三公、诸侯、卿之宰、乡长、家君，非特富贵游佚而［择］措[6]之也，将使助治［乱］[7]刑政也。故古者建国设都，乃立后、王、君、公，奉以卿、士、师、长，此非欲用说[8]也，唯辩而使助治天［助］明也[9]。

①百姓为人：言百姓人自为政，不相统属也。　②荡，依一本改“薄”。厚、薄：犹言大小也。　③下，依孙说删。

④左右：辅佐也。　⑤之：犹“与”也。　⑥择，依孙说，据中篇，改“措”。　⑦乱：依孙说删。　⑧说：古“悦”字。谓所以立后、王、君、公、卿、士、师、长，并非欲使之悦豫于民上也。　⑨辩：分也。下“助”字依王说删。天明：天之明道也。

今此何为人上而不能治其下，为人下而不能事其上？则是上下相［贱］贼①也。何故以然？则义不同也。若苟义不同者有党，上以若人为善将［毁］赏之，若人唯使得上之赏而辟百姓之毁②，是以为善者必未可使劝见有赏也。上以若人为暴将罚之，若人唯使得上之罚，而怀百姓之誉，是以为暴者必未可使沮见有罚也。故计上之赏誉不足以劝善，计其毁罚不足以沮暴，此何故以然？则义不同也③。

①贱，依王校改“贼”。　②毁，依一本改“赏”。唯：与“虽”通。谓若苟各守异说，则若人虽欲得上之赏而为善，犹将以避百姓之非议而不为。　③六字依王校，据上文增。

然则欲同一天下之义将奈何可？故子墨子言曰：然胡不［赏］尝使家君试用①。家君发宪布令其家。曰：若见爱利家者，必以告；若见恶贼家者，亦必以告。若见爱利家以告，亦犹爱利家者也；上得且赏之，众闻则誉之；若见恶贼家不以告，亦犹恶贼家者也；上得且罚之，众闻则非之。是以［祸］遍②若家之人，皆欲得其长上之赏誉，辟其毁罚。是以善言之，不善言之[3]。家君得善人而赏之，得暴人而罚之。善人之赏而暴人之罚，则家必治矣。然计若家之所以治者，何也？唯以尚同一义为政故也。

---

①赏，依王说改“尝”。用：为也，行也。　②祸，依一本改“遍”，下同。　③四字依一本增。

家既已治，国之道尽此已邪？则未也。国之为家数也甚多，此皆是其家而非人之家，是以厚者有乱而薄者有争。故又使家君总其家之义[1]以尚同于国君。国君亦为发宪布令于国之众，曰：“若见爱利国者，必以告；若见恶贼国者，亦必以告。”若见爱利国以告者，亦犹爱利国者也，上得且赏之，众闻则誉之；若见恶贼国不以告者，亦犹恶贼国者也，上得且罚之，众闻则非之。是以［祸］遍若国之人，皆欲得其长上之赏誉，避其毁罚。是以民见善者言之，见不善者言之。国君得善人而赏之，得暴人而罚之。善人赏而暴人罚，则国必治矣。然计若国之所以治者，何也？唯能以尚同一义为政故也。

---

①义，依一本增。

国既已治矣，天下之道尽此已邪？则未也。天下之为国数也甚多。此皆是其一[1]国而非人之国，是以厚者有战而薄者有争。故又使国君选其国之义以［义］尚同于天子[2]。天子亦为发宪布令于天下之众，曰：“若见爱利天下者，必以告；若见恶贼天下者，亦以告。”若见爱利天下以告者，亦犹爱利天下者也，上得则赏之，众闻则誉之；若见恶贼天下不以告者，亦犹恶贼天下者也，上得且罚之，众闻则非之。是以，［祸］遍天下之人，皆欲得其长上之赏誉，避其毁罚。是以，见善、不善者告之。天子得善人而赏之，得暴人而罚之。善人赏而暴人罚，天下必治矣。然计天下之所以治者何也。唯而③以尚同一义为政故也。

---

①其一，依一本增。　②选：亦“总”也。义，依一本删。　③而：同“能”。

天下既已治，天子又总天下之义以尚同于天。

故当尚同之为说也，尚同之天子，可以治天下矣；中用之诸侯，可而①治其国矣；小用之家君，可而治其家矣。是故大用之，治天下不窕，小用之，治一国一家而不横者，若道之谓也②。故曰：治天下之国若治一家，使天下之民若使一夫。

---

①而：与“以”通。　②窕：不满也。横：充塞也。道：谓尚同之道。

意独子墨子有此，而先王无此其有邪①？则亦然也②。圣王皆以尚同为政，故天下治。何以知其然也？于先王之书也，大誓之言然。曰：“小人见奸巧，乃闻；不言也，发罪钧。”③此言见淫辟不以告者，其罪亦犹淫辟者也。故古之圣王治天下也，其所差论[④]，以自左右羽翼者皆良，外［为］之人，为助之视听者众[⑤]。故与人谋事，先人得之；与人举事，先人成之；［先之］光誉令闻[⑥]，先人发之。唯信身而从事[⑦]，故利若此，古者有语焉，曰："一目之[⑧]视也，不若二目之［视］睹[⑨]也；一耳之听也，不若二耳之［听］聪[⑩]也；一手之操也，不若二手之[⑪]强也。夫唯能信身而从事，故利若此。"

---

①倒装句，犹云："无有此邪？" ②此为上问句之答辞曰：否！先王之道，亦与墨子无异也。 ③小人：庶民也。闻：报之于上也。发：发觉也。钧：同也。谓汝等人民，见奸巧之事，必以告；如匿而不言，此事发觉，则罪与为奸巧者同也。 ④差论：选择也。 ⑤为，依王本移"人"下。 ⑥先之，依毕校改"光"。光：与"广"古通用。令：善也。问：与"闻"通。 ⑦信身而从事：谓一依自信力行事也。 ⑧之，依一本增。 ⑨视，依孙说，改"睹"。 ⑩听，依孙说改"聪"。 ⑪之，依一本增。

是故古之圣王之治天下也，千里之外有贤人焉，其乡里之人皆未之均[①]闻见也，圣王得而赏之；千里之内有暴人焉，其乡里之人未之均闻见也[②]，圣王得而罚之。故唯毋[③]以圣王为聪耳、明目与，岂能一视而通见千里之外哉，一听而通闻千里之外哉？圣王不往而视也，不就而听也；然而使天下之为寇乱盗贼者，周流天下，无所重足者何也[④]？其以尚同为政善也。

①均：犹“遍”也。　②之人、闻三字，依上文增。③唯：亦与“虽”同。毋：语助词，无意义。　④重足：犹言顿足，谓无容身之地也。

是故子墨子曰：凡使民尚同者，爱民不疾①。民无可使，曰必疾爱而使之，致信而持之，富贵以道其前，明罚以率其后。为政若此，唯欲毋与我同，将不可得也。是以子墨子曰：今天下王公、大人、士君子，中情②将欲为仁义，求为上士③；上欲中圣王之道，下欲中国家百姓之利，故当尚同之说，而不可不察尚同为政之本而治之要也④。

①疾：快，急速。　②情：与“诚”通。　③上，依王校增。求为上士：谓求为所以尊尚贤士之道。　④不可，依万历本增。之，依毕校增。

兼爱上

圣人以治天下为事者也。必知乱之所自起，焉[1]能治之；不知乱之所自起，则不能治。譬之如医之攻[2]人之疾者然：必知疾之所自起，焉能攻之；不知疾之所自起，则弗能攻。治乱者何独不然？必知乱之所自起，焉能治之；不知乱之所自起，则弗能治。圣人以治天下为事者也，不可不察乱之所自起。

---

①焉：犹“乃”也。言知乱之所自起，乃能治之也。下“焉”字义同此。　②攻：治也。

当[1]察乱何自起，起不相爱[2]。臣子之不孝君父，所谓乱也。子自爱，不爱父，故亏父而自利；弟自爱，不爱兄，故亏兄而自利；臣自爱，不爱君，故亏君而自利：此所谓乱也。虽父之不慈子，兄之不慈弟，君之不慈臣，此亦天下之所谓乱也。父自爱也，不爱子，故亏子而自利；兄自爱也，不爱弟，故亏弟而自利；君自爱也，不爱臣，故亏臣而自利，是何也？皆起不相爱。

---

①当：读为“尝”，同声假借字。尝，试也。　②起于不相爱也。

虽至天下之为盗贼者亦然。盗爱其室，不爱［其］[①]异室，故窃异室以利其室；贼爱其身，不爱人身，故贼人身以利其身[②]。此何也？皆［遂］起不相爱[③]。

①其，依王说删。　②两“身”字，依俞说增。　③遂，依诸本改“起”。

虽至大夫之相乱家，诸侯之相攻国者亦然。大夫各爱其家不爱异家，故乱异家以利其[①]家；诸侯各爱其国，不爱异国，故攻异国以利其国。天下之乱物，具此而已矣[②]。察此何自起，皆起不相爱。

①其，依孙说增。　②物：亦“事”也。言天下之乱事，毕尽于此。

若使天下兼相爱，爱[①]人若爱其身。犹有不孝者乎？视父兄与君若其身[②]，恶施不孝？犹有不慈者乎？视弟子与臣若其身，恶施不慈？故不孝不慈亡有[③]。犹有盗贼乎？故[④]视人之室若其室，谁窃？视人身若其身，谁贼？故盗贼［有］亡有[⑤]。犹有大夫之相乱家，诸侯之相攻国者乎？视人家若其家，谁乱？视人国若其国，谁攻？故大夫之相乱家，诸侯之相攻国者，［有］亡有。

①爱，依卢校增。　②十四字依王校及孙说增。恶：读为

平声，犹“何”也，下同。　③故，不慈亡，依王说增。④故：与“夫”通，发语词。　⑤有亡：依毕说改“亡有”，下同。

若使天下兼相爱，国与国不相攻，家与家不相乱，盗贼无有，君臣、父子皆能孝慈，若此则天下治。故圣人以治天下为事者也①，恶得不禁恶而劝爱？故天下兼相爱则治，交②相恶则乱。故子墨子曰“不可以不劝爱人”者，此也。

①也，依陶说增。　②交，依王说增。

兼爱中

子墨子言曰："仁人之所以为事者，必兴天下之利，除去天下之害，以此为事者也。"然则，天下之利，何也？天下之害，何也？子墨子言曰："今若国之与国之相攻，家之与家之相篡，人之与人之相贼，君臣不惠忠，父子不慈孝，兄弟不和调，此则天下之害也。然则［崇］察此害亦何用生哉[①]？以［不］[②]相爱生耶？子墨子言："以不相爱生。今诸侯独知爱其国，不爱人之国，是以不惮举其国以攻人之国；今家主[③]独知爱其家，而不爱人之家，是以不惮举其家以篡人之家；今人独知爱其身，不爱人之身，是以不惮举其身以贼人之身。是故诸侯不相爱，则必野战，家主不相爱，则必相篡；人与人不相爱，则必相贼；君臣不相爱，则不惠忠；父子不相爱，则不慈孝；兄弟不相爱，则不和调；天下之人皆不相爱，强必执弱[④]，富必侮贫，贵必敖贱[⑤]，诈必欺愚。凡天下祸篡怨恨，其所以起者，以不相爱生也，是以仁者非之。"

---

①崇，依俞说改"察"。用：与"由"古通；何用生：即何由生也。　②不，依俞说删。　③家主：有采地之卿大夫

也。　④执：制也。　⑤敖，一作“傲”。敖、傲古通。

既以非之，何以易之？子墨子言曰：“以兼相爱，交相利之法易之。”然则兼相爱，交相利之法，将奈何哉？子墨子言曰[1]：“视人之国若视其国，视人之家若视其家，视人之身若视其身。是故，诸侯相爱，则不野战；家主相爱，则不相篡；人与人相爱，则不相贼；君臣相爱，则惠忠；父子相爱，则慈孝；兄弟相爱，则和调；天下之人皆相爱，强不执弱，众不劫寡，富不侮贫[2]，贵不敖贱，诈不欺愚。凡天下祸篡怨恨可使毋起者，以相爱生也，是以‘仁者’誉之。”

①曰，依户崎说增。　②四十字，依王说自下文移此。

然而今天下之士［君臣相爱则惠忠父子相爱则慈孝兄弟相爱则和调天下之人皆相爱强不执弱众不劫寡富不侮贫］［子墨］君[1]子曰：“然！乃若兼，则善矣；虽然，天下之难物、于故也。”[2]子墨子言曰：“天下之士君子，特不识其利，辩其故也。今若夫攻城野战杀身为名，此天下百姓之所皆难也，若君说之，则士众能为之。况于兼相爱，交相利，则与此异。夫爱人者，人必从而爱之；利人者，人必从而利之；恶人者，人必从而恶之；害人者，人必从而害之。此何难之有？特上弗以为政[3]，士不以为行故也。”

①子墨，依王说改“君”。　②乃若，转语辞。物：事

也。于：大也。故：亦事也。于故：犹言大事。　③政：古通“征”，谓征伐也。

昔者晋文公好士之恶衣，故文公之臣，皆牂羊①之裘，韦以带［钱］剑，练帛之冠②，大布之衣，且苴之屦③，入以见于君，出以践于朝。是其故何也？君说之，故臣能④为之也。昔者，楚灵王好士细［腰］要⑤，故灵王之臣皆以一饭为节，［肱］胁⑥息然后带，扶墙然后起；比期年，朝有黧黑之［危］色⑦。是其故何也？君说之，故臣能为⑧之也。昔越王勾践好士之勇，教驯⑨其臣。［和合之］私令人⑩焚舟失火，试其士曰：“越国之宝尽在此。”越王亲自鼓其士而进之。［曰］⑪士闻鼓音，破碎乱行⑫，蹈火而死者，左右百人有余。越王击金而退之。

---

①牂（zāng）羊：牝羊也。　②钱，据《太平御览》改“剑”。韦：无饰之革带。练帛：即大帛，厚缯也。　③八字依王说增。且苴，即“麤粗”，并声近字通。　④能，依王说增。　⑤腰，依毕说改“要”。腰，盖“要”之俗写。⑥肱，依毕说，据《太平御览》改“胁”。　⑦危，依王（引）说改“色”。人瘦，则面色黧黑。　⑧为，依王说增。⑨驯，读为“训”。二字古通。　⑩和合之，依孙说改“私令人”。　⑪曰，据诸本删。　⑫碎：为“萃”之借字，凡卒徒聚集其部队，谓之“萃”。破碎乱行：皆谓凌躐其曹伍，争先赴火也。

是故子墨子言曰："乃若[1]夫少食恶衣，杀人而为名，此天下百姓之所皆难也。若苟君说之，则众能为之。况兼相爱，交相利，与此异矣。夫爱人者，人亦从而爱之；利人者，人亦从而利之；恶人者，人亦从而恶之；害人者，人亦从而害之：此何难之有焉？特士不以为政，而士不以为行故也。"

①乃若：发语辞。

然而今天下之士君子曰："然！乃若兼则善矣。虽然，不可行之物也。譬若挈[1]太山，越河、济也。"子墨子言："是非其譬也。夫挈太山，而越河、济，可谓毕［劫］劲有力矣[2]；自古及今，未有能行之者也。况乎兼相爱，交相利，则与此异，古者圣王行之。何以知其然？"

①挈：举也。　②毕：疾也。劫，依孙说改"劲"。

"古者禹治天下，西为西河［渔］渭窦[1]，以泄［渠孙皇］蒲弦泽之水[2]；北为防原派[3]，注［后之］昭余邸嘑池之窦[4]，洒为［底］厎柱[5]，凿为龙门[6]，以利燕、代、胡、貉[7]与西河之民；东［方］为漏［之］大陆[8]，防［盖］孟诸之泽[9]，灑为九浍[10]，以楗东土之水[11]，以利冀州之民；南为江、汉、淮、汝，东流［之］注之[12]五湖之处，以利［楚］荆楚、干、越与南夷之民[13]。此言禹之事，吾今行兼矣[14]。

①西河：在今山西陕西界。渔，依孙说改“渭”。窦：与“渎”古通用。 ②渠孙皇，依孙说改“蒲弦泽”。蒲泽、弦泽，在今陕西陇州西四十里。 ③防：筑堤止水也。原派：二水名。 ④后之，依孙说改“昭余”。邸：与“祁”音近相通。昭余祁：泽薮名，在今山西太原祁县东七里。嘑池：即虖沱河（“池”即古“沱”字），出今山西繁峙县。窦：读为“渎”。 ⑤洒：音 shī，通作“釃”。釃，分也。底，依孙说改“底”；底柱：山名，在今山西平陆县东五十里三门山东。洒为底柱：河水分流，包底柱山西而过也。 ⑥龙门：山名，在今河津、韩城二县界。 ⑦貉：北狄之一种。 ⑧方，依孙说改“为”。之，依毕说、孙说改“大”。大陆：在今山东钜鹿县。漏大陆：谓将停滞于大陆之水穿而泄之也。 ⑨盖，依诸本改“孟”。孟诸：泽名，在今山东虞城县西北十里。

⑩灑：与“釃”通，分也。九浍：九河也。 ⑪楗：树竹塞水之决口，褢草而填以土也。 ⑫之注，据《玉海·地理》，改“注之”。 ⑬楚、荆、越，依王说，据《文选》，改“楚、干、越”。干，为“邦”之借字，属吴。 ⑭谓以上所述，为禹治水之事业，吾今欲以此种精神，实行兼爱矣。

“昔者，文王之治西土，若日若月，乍光于四方、于西土[1]。不为大国侮小国，不为众庶侮鳏寡，不为暴势夺穑人黍稷、狗彘。天屑临文王慈[2]，是以老而无子者，有所［得］侍养以[3]终其寿；［连］矜独无兄弟者，有所杂于生人之间[4]；少失其父母者，有所放依而长其身[5]。此文王之事，则吾今行兼矣。”

---

①西土：周也。乍：读为“作”。谓文王之治周，明若日月，照临于四方及西土也。　②屑：顾也。天屑临文王慈：谓天眷顾文王之慈政也。　③得，据陶鸿庆说改“侍以养”。④连，依孙说改“矜”。矜，苦也。杂：读为“集”，成就也。生人：犹言常人。谓焚独无兄弟者，与常人同，成就其生业也。⑤放：亦依也。檀弓：“子贡曰：‘哲人其萎，则吾将安放？’”“其身”二字，据陈说补。

“昔者，武王将事泰山隧[1]。传曰：‘泰山！有道曾孙[2]周王有事。大事既获，仁人尚作，以祗商夏、蛮夷、丑貉[3]。虽有周亲，不若仁人；万方有罪，维予一人。’此言武王之事，吾今行兼矣。”

---

①将：行也。武王既定天下，掘地为隧，以祀于泰山之神也。　②曾孙：对于鬼神之自称。《曲礼》，“临祭祀外事，曰：‘曾孙某侯某。’”　③大事：指克殷事。仁人：谓太公、周、召之徒。作：起也。祗：读为“振”。丑：众也。谓克殷而有天下之大事，虽已成就，仁人尚起而拯救商、夏及四夷之人民。

是故子墨子言曰：“今天下之君子，忠实欲天下之［士］富而恶其贫[1]，欲天下之治而恶其乱，当兼相爱，交相利。”

此圣王之法，天下之治道也，不可不务为也。

①忠：与“中”古通，中心也。士，依毕说删。

兼爱下

子墨子言曰："仁人之事者，必务求兴天下之利，除天下之害。"然当今之时，天下之害孰为大？曰："若大国之攻小国也，大家之乱小家也，强之劫弱，众之暴寡，诈之谋愚，贵之敖①贱：此天下之害也。［人］又与为人君者之不惠也②，臣者之不忠也，父者之不慈也，子者之不孝也，此又天下之害也。又与今［人］③之贱人，执其兵刃毒药、水火，以交相亏贼，此又天下之害也。"

---

①敖：与"傲"古通。　②人，依王说改"又"。与：读为"如"。　③人，依王说删。

姑尝本原若众害之所自生①：此胡自生？此自爱人利人生与？即必曰"非然也"，必曰"从恶人、贼人生"。分名乎天下恶人而贼人者，兼与？别与②？即必曰③"别也"。然即之交别者④，果生天下之大害者与？是故［别非也］⑤子墨子曰："别非也。"非人者，必有以易之⑥；若非人而无以易之，譬之犹以水救水，以火⑦救火也，其说将必无可焉。是故，子墨子曰："兼以易别。"

①生，依孙说增。②谓将天下之恶人而贼人者，分而名之为兼爱者与？抑为别爱者与？③曰，依毕说增。④即：读为“则”，下同。“即”“则”古通。交别：犹言“交相别”。⑤“别非也”三字，依俞说移下。⑥谓以他人之主张为非者，不可不有所以代之之良法。⑦依俞说增。

然即兼之可以易别之故，何也？曰：“藉为人之国若为其国，夫谁独举其国以攻人之国者哉？为彼者由为己也。为人之都若为其都，夫谁独举其都以伐人之都者哉？为彼犹为己也。为人之家若为其家，夫谁独举其家以乱人之家者哉？为彼犹为己也。”然即国都不相攻伐，人家不相乱贼，此天下之害与，天下之利与？即必曰：“天下之利也。”

姑尝本原若众利之所自生，此胡自生。此自恶人贼人生与？即必曰“非然也”，必曰“从爱人、利人生”。分名[1]乎天下爱人而利人者，别与？兼与？即必曰“兼也”。然即之交兼者[2]，果生天下之大利者与？是故子墨子曰：“兼是也。”

①名：通作“明”。②然即：然则也。之：此也。交兼：交相兼爱也。

且乡[1]吾本言曰：“仁人之事者，必务求兴天下之利，除天下之害。”今吾本原兼之所生，天下之大利者也；吾本原别之所生，天下之大害者也。是故，子墨子曰“别非而兼是”者，出［平］乎若方也[2]。

---

①乡：“鄉”字省文；鄉：嚮也。　②平，据明万历本改“乎”。方：犹“道”也。出乎若方：犹曰“即由于此种道理”。

今吾将正求与[1]天下之利而取之，以兼为正[2]，是以聪耳明目，相与视听乎！是以股肱毕强，相为动［宰］举乎[3]！而有道肆相教诲[4]。是以老而无妻子者，有所侍养以终其寿；幼弱孤童之无父母者，有所放依以长其身乎[5]！今唯毋以兼为正，即若其利也[6]。不识天下之［事］士[7]所以皆闻兼而非者，其故何也？

---

①与：与“举”通。　②正：同“政”。　③谓若以兼爱为正道而行之，则人民耳目无不相为视听，故聪明；人民股肱无不相为动举，故毕强。宰，依他本改“举”。　④肆：勤力也。谓有道之人，则勤力以相教诲。　⑤乎，依王（景）说增。　⑥毋：语助词。若：若此也。　⑦事，依毕说改“士”。

然而天下之士，非兼者之言，犹未止也。曰：“即兼[1]善矣；虽然，岂可用哉？”子墨子曰：“用而不可，［难哉］虽我亦将非之[2]，且焉有善而不可用者。”

---

①兼，依陶说增。　②难哉，依王说改“虽我”。谓兼爱

之道，如其用而不可，则虽我亦将非之也。

姑尝两而进之①，［谁］设以为二士，使其一士者执别，使其一士者执兼②。是故别士之言曰："吾岂能为吾友之身，若为吾身，为吾友之亲，若为吾亲。"是故，退睹其友，饥即不食，寒即不衣③，疾病不侍养，死丧不葬埋——别士之言若此，行若此。兼士之言不然，行亦不然。曰："吾闻为高士于天下者，必为其友之身若为其身，为其友之亲若为其亲，然后可以为高士于④天下。"是故，退睹其友，饥则食之，寒则衣之，疾病侍养之，死丧葬埋之——兼士之言若此，行若此。

---

①谓将兼爱与别爱两者，进而比较之。　②谁，依王（引）说改"设"。言设为二士于此，而使之各执一说也。　③谓友饥而不馈以食，友寒而不赠以衣也。　④于，依毕说增。

若之二士者，言相非而行相反与①。当②使若二士者，言必信，行必果，使言行之合犹合符节也，无言而不行也。然即敢问：今有平原广野于此，被甲婴胄，将往战，死生之［权］机③未可识也；又有君大夫之远使于巴、越、齐、荆，往来及否未及否，未可识也。然即敢问：［不识将恶也］④［家室］奉承亲戚、家室⑤，提挈妻子而寄托之，不识于兼之有，是乎？于别之有，是乎⑥？［哉］我⑦以为当其于此也，天下无愚夫、愚妇，虽非兼之人，必寄托之于兼之有，是也。此言而非兼，择即取兼，即此言［兼］行费也⑧。不识天下之士，所以皆闻兼而非之者，其故何也？

---

①之：此也。士，依毕说增。与：如也。　②当：与“倘”同。　③权，依孙说改“机”。　④依万历本及焦竑校本删。　⑤家室：依王（景）说移下。亲戚：父母也。《大戴礼·曾子疾病》篇：“亲戚既没，虽欲孝，谁为孝？”
⑥有：读为“友”。“有”与“友”古通。谓赴战或远使者，其家属，将托之兼爱主义之友人乎，抑别爱主义之友人乎？
⑦哉，依王说改“我”。　⑧兼，依他本改“行”。费：与“拂”古通。

然而天下之士非兼者之言，犹未止也。曰：“意可以择士而不可以择君。”［子］[①]姑尝两而进之，［谁］设[②]以为二君，使其一君者执兼，使其一君者执别。是故，别君之言曰：“吾恶能为吾万民之身若为吾身？此泰[③]非天下之情也。人之生乎地上之无几何也，譬之犹驷驰而过隙也。”是故退睹其万民，饥即不食，寒即不衣，疾病不侍养，死丧不葬埋——别君之言若此，行若此。兼君之言不然，行亦不然。曰：“吾闻为明君于天下者，必［万］先[④]万民之身，后为其身，然后可以为明君于天下。”是故退睹其[⑤]万民，饥即食之，寒即衣之，疾病侍养之，死丧葬埋之：兼君之言若此，行若此。［然即交］[⑥]。

---

①子，据李本删。　②谁，依王校改“设”。　③泰：

读为“大”。　④万，依毕校改“先”。　⑤其，依毕校增。　⑥然即父，依戴说及上文删。

若之二君者，言相非而行相反。与［常］当使若二君者①，言必信，行必果，使言行之合犹合符节也，无言而不行也。然即敢问：今岁有疠疫，万民多有勤苦冻馁，转②死沟壑中者，既已众矣，不识将择之二君者，将何从也？我以为当其于此也，天下无愚夫、愚妇，虽非兼［君］者③，必从兼君是也。言而非兼，择即取兼④，此言行拂也。不识天下所以皆闻兼而非之者，其故何也？

①常，依王本及上文改“当”。与当：义皆同上。　②转：弃也。　③君，依王校改“者”。　④取兼，依毕校增。

然而天下之士，非兼者之言，［也独］犹①未止也。曰：“兼即仁矣，义矣，虽然，岂可为哉？吾譬兼之不可为也，犹挈泰山以超江河也。故兼者直愿之也，夫岂可为之物哉？”②子墨子曰：“夫挈泰山以超江河，自古［之］③及今，生民而来，未尝有也。今若夫兼相爱，交相利，此自先圣［六］大王者亲行之。”何知先圣［六］人④王之亲行之也？子墨子曰：“吾非与之并世、同时，亲闻其声，见其色也；以其所书于竹帛，镂于金石，琢于槃盂⑤，传遗后世子孙者知之。”《泰誓》曰：“文王若日若月，乍照光于四方、于西土。”⑥即此言文王之兼爱天下之博大也，譬之日月兼照天下之无有私也。

即此文王兼也[7]。虽[8]子墨子之所谓兼者，于文王取法焉。

①也，依王本删。独，依上文改“犹”。　②谓兼爱，但愿欲之而已，岂能实行之哉？　③之，据万历本、焦竑校本删。④六，依陈说改“大”。　⑤金：钟鼎也。石：丰碑也。槃盂之器，皆铭其功。　⑥泰誓：《尚书》篇名。乍，读为“作”。注见上。　⑦谓此即文王之兼爱也。　⑧虽：与“唯”通。下并同。

且不唯《泰誓》为然，虽《禹誓》[1]即亦犹是。禹曰：“济济[2]有众，咸听朕言！非惟小子，敢行称乱；蠢兹有苗，用天之罚[3]。若予既率尔群，对［诸］尔群，以征有苗。”[4]禹之征有苗也，非以求［以重］富贵，干福禄[5]，乐耳目也；以求兴天下之利，除天下之害，即此禹兼也。虽子墨子之所谓兼者，于禹［求］取法焉[6]。

①禹誓：禹征有苗誓师之文。　②济济：众盛之貌。③小子：禹自称。称：举也。谓此次举兵，非余小子敢于举乱；实彼有苗蠢动，不得不加天之罚。　④诸，依简朝亮本改“尔”。群：众也。对：会也。言今若予者，既为君而率尔群众矣，故会尔群众而征伐此有苗也。　⑤以，依万历本删。重，依陈说删。干：求也。　⑥求，依孙说，据上下文，改“取法”。

且不唯《禹誓》为然，虽《汤说》[1]即亦犹是也。汤曰：

“惟予小子履，敢用玄牡，告于上天后土[②]，曰：‘今天大旱，即当朕身履，未知得罪于上下[③]？有善不敢蔽，有罪不敢赦，简在帝心[④]。万方有罪，即当朕身，朕身有罪，无及万方。’”即此言汤贵为天子，富有天下，然且不惮以身为牺牲，以词说于上帝鬼神：即此汤兼也。虽子墨子之所谓兼者，于汤取法焉。

①说：祷文之一种。《周礼》郑注：“说，以辞责之，用币而已。” ②履：商汤名。玄牡：黑色之牡牛。土，依孙说增。上天后土：犹言“皇天后土”。 ③谓未知缘何得罪于上下，而膺此天罚。 ④简：阅也。简在帝心：惟天帝简阅其善恶也。

且不唯［《誓命》与］[①]《汤说》为然，《周诗》即亦犹是也。《周诗》曰：“王道荡荡，不偏不党；王道平平，不党不偏[②]。其直若矢，其易若［厎］底[③]；君子之所履，小人之所视。”[④]若吾言非语道之谓也[⑤]；古者文武为正，均分贵贤罚暴，勿有亲戚弟兄之所阿[⑥]：即此文武兼也。虽子墨子之所谓兼者，于文武取法焉。不识天下之人，所以皆闻兼而非之者，其故何也？

①《誓命》与，依陈说删。 ②言王者治天下之道，广大平易，无有偏党。 ③厎，依孙说改“底”。底，与“砥”通。易：犹“平”也。 ④君子：在朝之百官；小人：在野之

人民。履：践行也。视：比也，谓比而则之。⑤此系反语。谓："若以吾言为非合于道者，然古者文武……" ⑥正：与"政"同。阿：私也。

然而天下之非兼者之言，犹未止。曰："意不忠亲之利而害为孝乎？"[1]子墨子曰："姑尝本原之孝子之为亲度者：吾不识孝子之为亲度者，亦欲人爱利其亲与，意[2]欲人之恶贼其亲与？以［说］吾[3]观之，即欲人之爱利其亲也。然即，吾恶先从事，即得此。若我先从事乎爱利人之亲，然后人报我以[4]爱利吾亲乎？意我先从事乎恶贼[5]人之亲，然后人报我以爱利吾亲乎？即必吾先从事乎爱利人之亲，然后人报我以爱利吾亲也。然即之交孝子者[6]，果不得已乎？毋先从事爱利人之亲者与，意以天下之孝子为遇而不足以为正乎[7]？"

①忠：读为"中"，去声，犹得也。言意者，兼爱之道，不为人亲之所利，而害于为孝。 ②意：读为"抑"，下同。③说，依吴、陈说改"吾"。 ④以，依孙说增。 ⑤贼，依俞说增。 ⑥之：是也。交：交利也。 ⑦毋：盍不也。意：谓为"抑"。过：读为"愚"。

姑尝本原之先王之［所］书，《大雅》之所道[1]，曰："无言而不雠[2]，无德而不报；投我以桃，报之以李。"即此言爱人者必见爱也，而恶人者必见恶也。不识天下之士，所以皆闻兼而非之者，其故何也？

①所，依孙说删。大雅：《诗经》篇名。　②雠：读为“售”。《诗》郑笺云：“教令之出，如卖物：物善则其雠价贵，物恶则其雠价贱。”

意以为难而不可为邪？［尝］尚[①]有难此而可为者。昔荆灵王好小［腰］要，当灵王之身，荆国之士饭不逾乎一固[②]，据而后兴，扶垣而后行。故约食为其难为也[③]；然［后］[④]为而灵王说之，未逾于世而民可移也[⑤]，即求以乡[⑥]其上也。昔者越王勾践好勇，教其士臣三年，以其知为未足以知[⑦]之也，焚舟失火，鼓而进之。其士偃[⑧]前列，伏水火而死，有不可胜数也。当此之时，不鼓而退也[⑨]，越国之士，可谓颤矣[⑩]。故焚身为其难为也；然［后］为［之］而[⑪]越王说之，未逾于世而民可移也，即求以乡[⑫]其上也。昔者，晋文公好苴[⑬]服。当文公之时，晋国之士，大布之衣，牂羊之裘，练帛之冠，且苴之屦，入见文公，出以践之朝。故苴服为其难为也，然［后］为而文公说之，未逾于世而民可移也，即求以乡其上也。

①尝，依吴说改“尚”。　②固：与“簠（fǔ）”同音相通。盛饭器。　③其：古通“綦”，极，很。　④后，依陈说删。　⑤三十年为一世，而民俗已为之一变。　⑥乡：与“向”通。　⑦知：读如“智”。谓勾践自维其智，尚未足以知训练士臣之效如何也。　⑧偃：犹“仆”也。　⑨谓越王见死者已众，遂不复鼓进而退之也。　⑩谓：为也。颤：读为

“膻”，谓如炮肉之膻也。　⑪依毕说增改。　⑫乡，依万历本增。　⑬苴：与“粗”通。

是故约食、焚舟、苴服，此天下之至难为也，然［后］众[1]为而上说之，未逾于世而民可移也，何故也？即求以乡其上也。今若夫兼相爱，交相利，此其有利且易为也，不可胜计也。我以为则无有上说之者而已矣。苟有上说之者，劝之以赏誉，威之以刑罚，我以为人之于就兼相爱、交相利也，譬之犹火之就上，水之就下也，不可防止于天下。

①后，依他本改“众”。

故兼者，圣王之道也，王公大人之所以安也，万民衣食之所以足也。故君子莫若审兼而务行之，为人君必惠，为人臣必忠，为人父必慈，为人子必孝，为人兄必友，为人弟必［悌］弟[1]。故君子［莫］[2]若欲为惠君、忠臣、慈父、孝子、友兄、［悌］弟弟，当若兼之不可不行也。此圣王之道，而万民之大利也。

①悌，依毕说改“弟”。悌：“弟”之俗写。　②莫，依王说删。

非攻上

今有一人，入人园圃，窃其桃李，众闻则非之，上为政者得则罚之。此何也？以亏人自利也。至攘人犬豕鸡豚者，其不义又甚入人园圃，窃桃李。是何故也？以亏人愈多，苟亏人愈多[①]，其不仁兹甚[②]，罪益厚。至入人栏厩，取人马牛者，其不仁义又甚攘人犬豕鸡豚。此何故也？以其亏人愈多。苟亏人愈多，其不仁兹甚，罪益厚。至杀不辜人也，［杝］扡[③]其衣裘，取戈剑者，其不义又甚入人栏厩，取人马牛。此何故也？以其亏人愈多。苟亏人愈多，其不仁兹甚矣，罪益厚。当此，天下之君子[④]，皆知而非之，谓之不义；今至大为攻国[⑤]，则弗知非，从而誉之，谓之义：此何[⑥]谓知义与不义之别乎？

①依孙说，据下文增。 ②兹：与“滋”古通。 ③杝，依毕说改“扡”；扡，即“拖”本字，曳也。 ④子，依毕说增。 ⑤谓不义之至大者，为攻人之国。 ⑥何：古与“可”通。

杀一人谓之不义，必有一死罪矣。若以此说往[①]，杀十人，十重不义，必有十死罪矣；杀百人，百重不义，必有百死罪矣。当此，天下之君子，皆知而非之，谓之不义；今至大为不义攻国，则弗［之］知而非[②]，从而誉之，谓之义，情[③]不知其不义也，故书其言以遗后世；若知其不义也，夫奚说[④]书其不义以遗后世哉？

①谓若以此说推之。　②之，依王说改“知”。而：其也。　③情：与“诚”古通。　④奚说：犹言“何由”。

今有人于此，少见黑曰黑，多见黑曰白，则必以此人为不知白黑之辩矣[①]。少尝苦曰苦，多尝苦曰甘，则必以此人为不知甘苦之辩矣。今小为非则知而非之，大为非攻国，则不知而非，从而誉之谓［之］之义[②]。此可谓知义与不义之辩乎？是以知天下之君子也！辩义与不义之乱也。

①必、为，依孙说增。　②谓之，依毕校改“之谓”。

非攻中

子墨子言曰：［古］今[1]者王公大人，为政于国家者，情欲毁誉之审，赏罚之当，刑政之不过失[2]。是故子墨子曰：古者有语："谋而不得，则以往知来，以见[3]知隐。"谋若此，可得而知矣。

①古，依王说改"今"。　②情：亦与"诚"通，下并同。毁，依王说增。过失下，有脱文。　③见：读如"现"。

今师徒唯毋[1]兴起，冬行恐寒，夏行恐暑，此不可以冬夏为者也；春则废民耕稼树艺，秋则废民获敛，此不可以春秋为者也[2]。今唯毋废一时，则百姓饥寒，冻馁而死者，不可胜数。今尝计军［上］出[3]、竹箭、羽旄、幄幕、甲、盾、拨、［劫］𠠝[4]，［住］往而靡弊腑冷不［及］反者[5]，不可胜数；又与矛、戟、戈、剑、乘车，其［列住］往则碎折靡弊而不［及］反者[6]，不可胜数；与其牛马，肥而往，瘠而反，往死亡而不反者，不可胜数；与其涂道之修远，粮食辍绝而不继，百姓死者不可胜数也；与其居处之不安，食［饭］饮[7]之不时，饥饱之不节，百姓之道[8]疾病而死者，不可胜数。丧师多，不可胜数；［丧师尽不可胜计］[9]则是鬼神之丧其主后[10]，亦不可胜数。

①毋：语助辞。②依孙说增。③尝：犹“试”也，下同。上，依孙说改“出”。④拨：音伐，大盾也。劫，依孙说改“砌”；砌：刀把也。⑤住，依毕校改“往”。弊：“獘”之俗字；獘：仆也。腑：即“腐”字异文。冷：与“烂”古通。及，依诸本改“反”。⑥依孙说改。⑦饭，依王说改“饮”。⑧道：由也。⑨依吴说删。⑩谓神丧其祭主，鬼丧其后裔也。

国家发政，夺民之用，废民之利，若此甚众；然而何为为之？曰：我贪伐胜之名，及得之[1]利，故为之。子墨子言曰：计其所自胜，无所可用也；计其所得，反不如所丧者之多，今攻三里之城，七里之郭，攻此非不用锐，且无杀而徒得［此］然也[2]。杀人，多必数于万，寡必数于千，然后三里之城、七里之郭，且可得也，今万乘之国，虚城数于千，不胜而［人］入；广衍数于万，不胜而辟[3]。然则土地者，所有余也；［王］士[4]民者，所不足也。今尽［王］士民之死，严下上之患，以争虚城，则是弃所不足而重所有余也。为政若此，非国之务者也。

①之：犹“其”也。②非、此二字，据陈说增删。然：犹“焉”也。谓攻此三里之城，七里之郭，非不用坚锐且大杀戮

者所能徒得焉也。　③虚：“墟”字正文。城，依孙说增。胜：读平声，堪也。而：犹“其”也。人，依毕校改“入”。广衍：土地也。此谓城郭土地至多攻不胜攻也。　④王，依王说改“士”，下同。

饰攻战者［也］[①]言曰：南则荆、吴之王，北则齐、晋之君，始封于天下之时，其土地之方，未至有数百里也；人徒之众，未至有数十万人也。以攻战之故，土地之博，至有数千里也；人徒之众，至有数百万人。故当攻战而不可［为］非[②]也。子墨子言曰：虽四五国则得利焉，犹谓之非行道也。譬若医之药人之有病者然：今有医于此，和合其祝药之于天下之有病者而药之[③]，万人食此，若医四五人得利焉，犹谓之非行药也[④]。故孝子不以食其亲，忠臣不以食其君。

①也，依孙说删。　②为，依孙说改“非”。　③祝药：谓经祝咒之药也。　④谓万人食之，而获其效者不过四五人，犹不得谓之可行用之药。

古者封国于天下，尚[①]者以耳之所闻，近者以目之所见，以攻战亡者不可胜数。何以知其然也？东方有莒[②]之国者，其为国甚小，间于大国之间，不敬事于大国，［夫］大国亦弗之从而爱利[③]。是以，东者越人夹削其壤地，西者齐人兼而有之。计莒之所以亡于齐、越之间者，以是攻战也。虽南者陈、蔡，其所以亡于吴、越之间者，亦以攻战。虽北者，且、

［一］不著何[4]，其所以亡于燕、代、胡、貊之间者，亦以攻战也。是故子墨子言曰：［古］今者王公大人，情欲得而恶失，［故］欲安而恶危[5]，故当攻战而不可不非。

①尚：同“上”。　②莒（jǔ）：莒县，在山东。　③夫，依诸本改“大”。国，依陈说增。句倒装，即谓“大国亦弗从而爱利之”。　④且：为“柤”之借字。柤：国名，为晋献公所灭。一，依孙说删。不著何：即不屠何，国名，故城在今河北景县西北。　⑤古，依王校改“今”。情：与“诚”通。故，依毕校改“欲”。

饰攻战者之言曰：“彼不能收用彼众，是故亡；我能收用我众，以此攻战于天下，谁敢不宾服哉？”子墨子言曰：“子虽能收用子之众，子岂若古者吴阖闾[1]哉？”

①闾：《左传》作“庐”，二字通。

古者，吴阖闾教七年，奉甲执兵，奔三百里而舍焉；次注林，出于冥隘之径，战于柏举，中楚国，而朝宋［与］及鲁[1]。至夫差之身，［比］北[2]而攻齐，舍于汶上，战于艾陵，大败齐人而葆之大山[3]。东而攻越，济三江五湖，而葆之会稽：九夷[4]之国，莫不宾服。于是退不能赏孤，施舍群萌[5]；自恃其力，伐其功，誉其智，怠于教，遂筑姑苏之台，七年不成。及若此，则吴有离罢[6]之心。越王勾践视吴上下不相得，收其众，以复其雠，入北郭，徙大［内］舟[⑦]，围王宫，而吴国以亡。

---

①中楚国：谓占楚中央之国都。与，依万历本删。 ②比，依诸本改“北”。 ③葆：与“保”通。大山：即泰山。 ④九夷：淮夷也。 ⑤退：战旋也。赏孤：赏战死者之家属也。施舍：犹赐予也。萌：与“氓”通。 ⑥罢：读如“疲”。 ⑦内，依王说改“舟”。大舟：王舟也。

昔者晋有六将军[①]，而智伯莫为强焉[②]。计其土地之博，人徒之众，欲以抗诸侯，以为［英名］莫若攻战之速；故差论其［分］爪牙之士，［皆］比列［其］舟车之众[③]，以攻中行氏而有之。以其谋为既已足矣，又攻［兹］[④]范氏而大败之。并三家以为一家而不止，又围赵襄子于晋阳。及若此，则韩、魏亦相从而谋曰：“古者有语：‘唇亡则齿寒。’赵氏朝亡，我夕从之；赵氏夕亡，吾朝从之。《诗》曰：‘鱼水不务，陆将何及？［乎］’”是以三主之君[⑤]，一心戮力，辟门除道，奉甲兴士，韩、魏自外，赵氏自内，击智伯，大败之。

---

①六将军：即六卿，韩、赵、魏、范、中行、智伯也。②言六将军中，莫如智伯之强也。 ③英名，依阆说改“莫若”。分，依诸本改“爪”。皆，依王说改“比”。其，依王校增。 ④兹，依孙说删。 ⑤务：谓务为救也。谓鱼在水中不务为救，及至陆地，将复何及？盖以喻宜在未亡之前，亟互相

救也。乎，依王说删。

是故，子墨子言曰：古者有语曰："君子不镜于水而镜于人。镜于水，见面之容；镜于人，则知吉与凶。"今以攻战为利，则盖[①]赏鉴之于智伯之事乎！此其为不吉而凶，既可得而知矣。

---

①盖：同"盍"，何不也。

节用上

圣人为政一国，一国可倍也[1]。大之为政天下，天下可倍也。其倍之，非外取地也，因其国家，去其无用之费[2]，足以倍之。圣王为政，其发令兴事，使[3]民用财也，无不加用而为者[4]；是故用财不费，民德不劳[5]，其兴利多矣。

①谓可得加倍之利。 ②用之费，依王校增。 ③便：使也。 ④言必有用之事，然后为之。 ⑤德：与“得”通，下同。

其为衣裘何？以为冬以圉[1]寒，夏以圉暑。凡为衣裳之道，冬加温，夏加清者［芊鉏］鲜且[2]，不加者去之。其为宫室，何以为？冬以圉风寒，夏以圉暑雨，［有盗贼］[3]加固者［芊鉏］鲜且，不加者去之。其为甲盾五兵[4]，何以为？以圉寇乱盗贼。若有寇乱盗贼，有甲盾五兵者胜，无［有］者[5]不胜，是故圣人作为甲盾五兵。凡为甲盾五兵，加轻以利，坚而难折者［芊鉏］鲜且，不加者去之。其为舟车，何以为？车以行陵、陆，舟以行川、谷，以通四方之利。凡为舟车之道，加轻以利者［芊鉏］鲜且，不加者去之。凡其为此物也，无不[6]加用而为者；是故用财不费，民德不劳，其兴利多矣[⑦]。

①圉：与“御”通。　②芊䱉，依俞说改“鲜且”。鲜：与“斯”古通用。斯，犹“则”也。且：止也。下同。　③有盗贼，依王树枏说删。　④五兵：戈、殳、戟、酋矛、夷矛五种兵器。　⑤有，依毕校改“者”。　⑥不，依俞校增。⑦矣，依戴校增。

有[①]去大人之好聚珠玉、鸟兽、犬马，以益衣裳、宫室、甲盾、五兵、舟车之数于数倍乎？若[②]则不难。故孰为难倍？唯人为难倍。

①有：读为“又”。　②若：犹“此”也。

然人有可倍也。昔者圣王为法曰：“丈夫年二十，毋敢不处家；女子年十五，毋敢不事人。”[①]此圣王之法也。圣王既没，于民次[②]也。其欲蚤处家者，有所二十年处家；其欲晚处家者，有所四十年处家[③]。以其蚤与其晚相践[④]，后圣王之法十年。若纯三年而字，子生可以二三［年］计矣[⑤]。此不惟使民蚤处家而可以倍与[⑥]？且不然已[⑦]。

①处家：犹言有室，娶也。事人：嫁也。　②次：读为“恣”，言恣民之所欲。　③有：犹“或”也。所，犹“以”也。谓或以二十岁，或以四十岁也。　④践：与“选”古通用。选：犹“算”也。谓以其早与晚相算，则后圣王之法十年

也。　⑤纯：犹“皆”也。字：妊娠也。年，依万历本改“计”。谓若每三年一妊，则此所过十年中，彼早处家者，当有二三子也。　⑥谓此岂非使民早婚而可增加人口乎？⑦且：犹“此”也。然：为“难”之假借字。犹云“此不难已”。

今天下为政者，其所以寡人之道多：其使民劳，其籍[1]敛厚；民财不足，冻饿死者，不可胜数也。且大人惟毋［与］兴师以攻伐邻国[2]，久者终年，速者数月，男女久不相见，此所以寡人之道也。有与居处不安[3]，饮食不时，作疾病死者，有与侵就俀橐[4]，攻城野战死者，不可胜数。此不［令］今为政者所以寡人之道数术而起与[5]？圣人为政，特无此。此[6]不圣人为政，其所以众人之道，亦数术而起与！故子墨子曰：“去无用之费，圣王之道天下之大利也。”

①籍：税也。　②毋：语辞。与，依诸本改“兴”。③有，依王景羲说增，读为“又”。与：犹“如”也，下同。④俀橐：举火攻城之具。　⑤不：犹“非”也。令，依万历本改“今”。术：犹“道”也。数术：谓上“使民劳”以下数种寡人之道。　⑥此，依孙说增。

节用中

子墨子言曰：古者明王、圣人，所以王天下，正诸侯者，彼其爱民谨忠，利民谨厚，忠信相连，又示之以利，是以终身不餍，歿［二十］世而不卷①。古者明王、圣人，其所以王天下，正诸侯者，此也。

---

①二十，依卢说改“世”。卷：“券”之借字。券，今“倦”字也。

是故，古者圣王制为节用之法曰：凡天下群百工，轮、车、鞼、匏①，陶、冶、梓、匠，使各从事其所能。曰：凡足以奉给民用则止，诸加费不加于民利［则止］者，圣王弗为②。

---

①轮、车：皆车工也。鞼、匏：为“韗、鞄”之借字。韗（yùn），攻皮制鼓工也。鞄（páo），柔革工也。　②依毕校改。

古者圣王制为饮食之法曰：足以充虚，继气，强股肱，耳目聪明，则止；不极五味之调，芬香之和，不致远国珍［恢］怪异物①。何以知其然？古者，尧治天下，南抚交阯，北

［降］际幽都②，东西至日所出入，莫不宾服。［建］逮至其厚爱③，黍稷不二，羹胾不重④；［饮］饭于土塯，啜于土形⑤，斗以酌⑥。俯仰周旋威仪之礼，诸加费不加于民利者⑦，圣王弗为。

---

①恢，依孙说改“怪”。怪：犹言奇异。　②交阯：今越南北部。降，依王说改“际”。际：犹“接”也。幽都：山西省雁门东北地。　③建，依诸本改“逮”。厚爱：爱惜财物也。④胾（zì）：细切肉。不重：止一品也。　⑤饮，依王说改“饭”。塯（liù）：瓦饭器也。形：为“铏”之假借字。铏，羹器也。　⑥王本作“饱斗以酌”。　⑦依孙说增。

古者圣王，制为衣服之法曰：冬服绀緅之衣，轻且暖；夏服絺绤之衣，轻且凊，则止。诸加费不加于民利者，圣王弗为。

古者圣王，为猛禽狡兽，暴人害民，于是教民以兵行①。［日］曰②：带剑，为刺则入，击则断，旁击而不折。此剑之利也。甲为衣，则轻且利，动则［兵］弁且从③，此甲之利也。车为服重致远，乘之则安，引之则利；安以不伤人，利以速至。此车之利也。

---

①行：与“道”古通用；兵道，犹言“兵法”。　②日，依孙说改口。　③兵，依孙说改“弁”。弁：“变”之假借

字。弁且从：屈伸自如也。

古者圣王，为大川、广谷之不可济，于是利为[①]舟楫，足以将之，则止。虽［止］上[②]者三公诸侯至，舟楫不易，津人不饰[③]。此舟之利也。

---

①为：犹“用”也。　②止，依孙说改“上”。　③津人：掌渡之吏。

古者圣王，制为节葬之法曰：衣三领，足以朽肉；棺三寸，足以朽骸。堀穴[①]深不通于泉，［流］气[②]不发泄，则止。死者既葬，生者毋久丧用哀。

---

①堀：与“窟”通；堀穴：葬穴也。　②流，依毕说改“气”。

古者人之始生，未有宫室之时，因陵丘、堀穴而处焉。圣王虑之，以为堀穴，曰：冬可以辟风寒[①]；［建］逮[②]夏，下润湿，上［重］熏[③]烝，恐伤民之气。于是，作为宫室而利。然则为宫室之法将奈何哉？子墨子言曰：其旁可以圉风寒，上可以圉雪霜雨露，其中蠲洁，可以祭祀，宫墙足以为男女之别，则止；诸加费不加民利者，圣王弗为。

---

①辟：同“避”。谓堀穴但可以避冬日风寒而已。　②建，依毕校改“逮”。　③重，依诸本改“熏”。

节葬下

子墨子言曰：仁者之为天下度也，辟[①]之无以异乎孝子之为亲度也。今孝子之为亲度也，将奈何哉？曰：亲贫，则从事乎富之；人民寡，则从事乎众之；众乱，则从事乎治之。当其于此也，亦有力不足，财不赡，智不智，然后已矣；无敢舍余力、隐谋[②]遗利，而不为亲为之者矣。若三务者[③]，孝子之为亲度也，既若此矣。

①辟：同“譬”。　②隐谋：谓隐匿其智谋。　③三务：指上“从事乎富之”等三者。者，依毕校增。

虽仁者之为[①]天下度，亦犹此也。曰：天下贫，则从事乎富之；人民寡，则从事乎众之；众而乱，则从事乎治之。当其于此，亦有力不足，财不赡，智不智，然后已矣；无敢舍余力、隐谋遗利，而不为天下为之者矣。若三务者，［此］仁者之为天下度也[②]，既若此矣。

①为，依毕校增。　②此，依孙说删。也，依毕说增。

今逮至昔者三代，圣王既没，天下失义。后世之君子，或以厚葬久丧以为仁者，义也，孝子之事也；或以厚葬久丧以为非仁义，非孝子之事也。曰：二子者，言则相非，行即相反[①]。皆曰："吾上祖述尧、舜、禹、汤、文、武之道者也。"而言即相非，行即相反。于此乎，后世之君子，皆疑惑乎二子者言也[②]。

①则、即古通。　②于此乎：犹言"于是乎"。者，与"之"古通用。二子者言：犹言"二子之言"也。

若苟疑惑乎之二子者言，然则姑尝传而为政乎国家万民而观之[①]。计厚葬久丧，奚当此三利者？我意：若使法其言，用其谋，厚葬久丧，实可以富贫、众寡，定危、治乱乎？此仁也，义也，孝子之事也[②]，为人谋者不可不劝也。［仁者将求兴天下谁霸而使民誉之终勿废也意亦使法其言用其谋厚葬久丧实不可以富贫众寡定危治乱乎此非仁非义非孝子之事也为人谋者不可不劝也。］[③]仁者将求与之天下［谁贾］设置而使民誉之，终勿废也[④]。意亦使法其言，用其谋，厚葬久丧，实不可以富贫、众寡、定危、［理］治乱乎[⑤]？此非仁、非义，非孝子之事也，为人谋者不可不沮也。仁者将求除之天下，相废[⑥]而使人非之，终身勿为也[⑦]。且故兴天下之利，除天下之害，［今］令国家百姓之不治也，自古及今未之尝［之］有也[⑧]。

①传：与"转"通。言若疑惑乎二子之言，则试转而就实际之政事上观之也。　②也，依毕说增。　③依毕校删。

④求，依俞说增。谁贾，依孙说改“设置”。谓若厚葬久丧，果为国利民福者，则仁者将求兴起此属于天下，设置其制度……也。　⑤理，依毕说、孙说改“乱”。　⑥相废：谓相与非废之。　⑦也，依俞说增。　⑧故：与“夫”古通用，且故犹言“且夫”。今，依诸本改“令”。未尝之有，依孙说改“未之尝有”。

何以知其然也？今天下之士君子，将犹多皆疑惑厚葬久丧之为中其是非利害也①。故子墨子言曰：然则姑尝稽之。今虽毋法②，执厚葬久丧者言，以为事乎国家。此存③乎王公大人有丧者曰：棺椁必重④，葬埋必厚，衣衾必多，文绣必繁，丘陇⑤必巨。存乎［正］匹夫⑥，贱人死者，殆竭家室。存⑦乎诸侯死者，虚车府，然后金玉、珠玑比乎身⑧，纶组节约⑨，车马藏乎圹；又必多为屋幕、鼎鼓、几梃、壶滥、戈剑、羽旄、齿革⑩，寝而埋之而后满意⑪。送死若［送从］徙⑫，曰：天子、诸侯⑬杀殉，众者数百，寡者数十；将军大夫杀殉⑭，众者数十，寡者数人。

---

①中：读去声，犹“合”也。其，依王本补。　②虽：与“唯”同。毋：语助词。　③存：犹“在”也，下同。　④重：读平声，层也。《荀子·礼论》篇：“天子棺椁十重，诸侯五重，大夫三重，士再重。”　⑤陇：“垄”之假字；丘垄：坟墓也。　⑥正，依王说改“匹”。《白虎通义》：“庶人称匹夫。”　⑦存，依毕说增。　⑧车：通为“库”。

比：周遍也。谓珠玉金银遍饰于死者之身也。　⑨节约：束也。　⑩屋：古“幄”字，小帐也。挻（yán）：同“筵”，竹席。滥：与“鉴”通；壶鉴：器名。《吕览·慎势》篇云：“功名著乎盘盂，铭篆著乎壶鉴。”　⑪寝：藏也，幽也。而后，依张说增。　⑫若送从，依孙说，改“送死若徙”。送死者若徙居，极言丧葬之繁侈也。　⑬诸侯，依孙说增。
⑭将军大夫：即卿大夫。

处丧之法将奈何哉？曰：哭泣不秩，声［翁］嗌[①]，缞绖[②]，垂涕，处倚庐，寝苫枕块[③]。又相率强不食而为饥[④]，薄衣而为寒，使面目陷［陽］陬[⑤]，颜色黧黑[⑥]，耳目不聪明，手足不劲强，不可用也。又曰：上士之操丧也，必扶而能起，杖而能行[⑦]，以此共三年。若法若言，行若道，使王公大人行此，则必不能蚤朝、晏退、听狱、治政[⑧]。使士大夫行此，则必不能治五官、六府[⑨]，辟草木，实仓廪。使农夫行此，则必不能蚤出夜入，耕稼树艺[⑩]。使百工行此，则必不能修舟车，为器皿矣；使妇人行此，则必不能夙兴夜寐，纺绩织纴。［细］[⑪]

---

①秩：常也；不常，言无常时也。翁，依洪说改“嗌”；嗌：音益，咽也。　②缞（cuī）：丧服也。以麻布被于胸前，三年之丧用之。绖（dié）：麻在首在腰，皆曰“绖”。　③倚庐：古代守丧时住的房子。苫：古代居丧时睡的草垫。
④《礼记·间传》云：“斩衰三日不食，齐衰二日不食，大功三不食，小功、缌麻再不食。”　⑤陽，依孙说改“陬”。陬：

面颊瘦削。 ⑥黧（lí）：为“黎”之俗字。黑中带黄的颜色。 ⑦上士：泛指士以上之阶级。《丧服四制》云：“百官备，百物具，不言而事行者，扶而起，言而后事行者杖而起。”郑注云：“扶而起，谓天子、诸侯也。杖而起，谓大夫、士也。” ⑧据《非乐》上篇增。 ⑨依孙说增。五官：司徒、司马、司空、司士、司寇也。六府：司土、司水、司木、司草、司器、司货，典司六项赋税之职。 ⑩艺：种植。 ⑪纴（rèn）：织缯帛为纴。细，依俞说删。

计厚葬，为多埋赋［之］[1]财者也。计久丧，为久禁从事者也。财以成者，扶而埋之[2]；后得生者，而久禁之[3]。以此求富，此譬犹禁耕而求获也，富之说无可得焉。

---

①之，依苏说删。 ②以：与“已”同。扶：附也，传也。 ③谓以久丧之故，后嗣之本能生财者，禁使不得从事于生财也。

是故求以富家，而既已不可矣，欲以众人民，意者可邪？其说又不可矣。

今［惟］唯无[1]以厚葬久丧者为政：君死，丧之三年；父母死，丧之三年；妻与后子[2]死者，［五］又皆丧之三年[3]。然后伯父、叔父、兄弟、孽子其[4]；戚族人五月[5]；姑、姊、甥、舅，皆有［月］数月[6]；则毁瘠必有制矣。使面目陷［陬］陬，颜色黧黑，耳目不聪明，手足不劲强，不可用也。又曰：

上士操丧也，必扶而能起，杖而能行，以此共三年。若法若言，行若道，苟其饥约又若此矣[7]。是故，百姓冬不仞寒[8]，夏不仞暑，作疾病死者，不可胜计也。此其为败男女之交多矣[9]；以此求众，譬犹使人负剑而求其寿也[10]，众之说无可得焉。

---

①惟：依吴钞本改“唯无”，与“毋”同，语助词。　②后子：为父后之子，即长子也。《战国策》谓齐太子申为后子，荀子谓丹朱为尧后子，其义并同。　③五，依陶说改“又”。《左传》“王一岁有三年之丧二”，系指景王、穆后与太子寿之丧，是同礼妻丧亦有三年之义也。　④其：与“期”通，谓一年之丧也。孽子：即众子，对前后子为冢嫡也。　⑤戚，依王说增。戚族人：为族人之近者也。　⑥月数，依王说改“数月”。　⑦言能谨敕之，使其饥饿因约。　⑧仞：与“忍”通。　⑨谓在居丧期中，禁男女之交也。　⑩负：与“伏”通；伏剑，谓身伏于剑上而取死也。

是故，求以众人民，而既以不可矣，欲以治刑政，意者可乎？其说又不可矣。今［惟］唯无以厚葬久丧者为政[1]，国家必贫，人民必寡，刑政必乱。若法若言，行若道：使为上者行此，则不能听治；使为下者行此，则不能从事。上不听治，刑政必乱；下不［行］[2]从事，衣食之财必不足。若苟不足，为人弟者求其兄而不得，不弟弟必将怨其兄矣[3]；为人子者，求其亲而不得，不孝子必［是］且[4]怨其亲矣；为人臣者，求之君而不得，不忠臣必且乱其上矣。是以僻淫邪行之民，出则无衣也，入则无食也，内［续］积奚吾[⑤]，并为淫暴而不可胜禁也。是故，盗贼众而治者寡。［先］夫[⑥]众盗贼而寡治者，以此求治，譬犹使人三睘而毋负己也[⑦]。治之说无可得焉。

---

①惟，依吴钞本改“唯”。无：语助词。　②行，依毕说删。　③其：犹“之”也。求其兄而不得：谓求之于兄而不得也。不弟弟：不弟之弟也。下仿此。　④是，依孙说，据下文改“且”。　⑤续，依俞说改“积”。奚：“謑”之省借字，耻也。吾：“牾”之假借字，逆也。内积奚吾：谓心怀耻辱与不顺之念也。　⑥先，依王说改“夫”。　⑦睘：转折也。负：背也。

是故，求以治刑政，而既已不可矣，欲以禁止大国之攻小国也，意者可邪？其说又不可矣。是故，昔者圣王既没，天下失义，诸侯力征[①]。南有楚、越之王，而北有齐、晋之君，此皆砥砺其卒伍，以攻伐并兼为政于天下。是故，凡大国之所以不攻小国者，积委多[②]，城郭修，上下调和，是故大国不耆攻［者］之[③]。无积委，城郭不修，上下不调和，是故大国［者］耆[④]攻之。今［惟毋］唯无以厚葬久丧者为政[⑤]，国家必贫，人民必寡，刑政必乱。若苟贫，是无以为积委也；若苟寡，是修[⑥]城郭沟渠者寡也；若苟乱，是出战不克，入守不固。

---

①力征：谓以武力侵争也。　②委：犹“积”也。少曰

"委"；多曰"积"。　　③者，依毕说改"之"。耆：与"嗜"通。　　④者，据他本改"耆"。　　⑤惟毋，据吴钞本改"唯无"。无：语助词。　　⑥修，依王说增。

此求禁止大国之攻小国也，而既已不可矣；欲以干上帝、鬼神之福，意者可邪？其说又不可矣。今［惟］唯[1]无以厚葬久丧者为政，国家必贫，人民必寡，刑政必乱。若苟贫，是粢盛酒醴不净洁也；若苟寡，是事上帝鬼神者寡也；若苟乱，是祭祀不时度也。今又禁止事上帝鬼神。为政若此，上帝鬼神始得从上抚之曰："我有是人也，与无是人也孰愈？"曰："我有是人也，与无是人也无择也。"则惟[2]上帝鬼神，降之罪厉之祸罚而弃之，则岂不亦乃其所哉？[3]

---

①惟，据吴钞本改"唯"。　　②惟：古与"虽"通。　　③乃其所：犹言"固其宜"。言以不事上帝鬼神而获祸，固其宜也。

故古圣王制为葬埋之法曰："棺三寸足以朽体；衣衾三领足以覆恶。以及其葬也，下毋及泉，上勿通臭，垄若参耕之亩[1]，则止矣。死则既已葬矣，生者必无久［哭］丧而疾［而］从事[2]，人为其所能以交相利也。"此圣王之法也。

---

①耕广五寸为伐，二伐为耦；参耕之亩，即谓"参耦耕之亩"，言墓地之广约三尺也。　　②哭，依王说改"丧"。而，

依户崎说删。

今执厚葬久丧者之言曰：厚葬久丧，虽使不可以富贫，众寡，定危，治乱，然此圣王［也以］之[1]道也。子墨子曰：不然！昔者尧北教乎八狄，道死，葬蛩山之阴，衣衾三领，榖木[2]之棺，葛以缄[3]之，既氾[4]而后哭，满埳无封[5]，已葬而牛马乘之。舜西教乎七戎，道死，葬南己[6]之市，衣衾三领，榖木之棺，葛以缄之。已葬，而市人乘之[7]。禹东教乎九夷，道死，葬会稽之山；衣衾三领，桐棺三寸，葛以缄之，绞之不合，通之不埳[8]；土[9]地之深，下毋及泉，上毋通臭。既葬，收余壤其上[10]，垄若参耕之亩，［取］则[11]止矣。若以［此］若三圣王者观之[12]，则厚葬久丧，果非圣王之道。故三王者，皆贵为天子，富有天下，岂忧财用之不足哉？以为如此葬埋之法。

---

①也以，依毕校，据后文改“之”。　②榖木：楮也。礼，天子棺用栉地。此用榖，尚俭。　③缄：棺束。古者棺不用钉，以皮束之。此用葛，亦尚俭也。　④氾（fàn）：棺下穴也。　⑤埳：与“坎”同。封：谓聚土为坟。满埳无封：谓但将土填满墓穴而已，不为坟也。　⑥己：又作“纪”。己，为“纪”之假借。　⑦乘：谓往来其上也。《淮南子·齐俗训》：“昔舜葬苍梧，市不变其肆。”　⑧谓虽绕束之而不密合，虽通道而不为深埳。　⑨土：度也。　⑩谓将埋葬所余之土，聚之其上也。　⑪取，依毕说，据《后汉书》注改“则”。　⑫此，依户崎说，据下文删。若：如此也。

今王公大人之为葬埋，则异于此。必大棺中棺[①]，革阓三［操］杂[②]，璧玉［即］既具[③]，戈剑、鼎鼓、壶滥、文绣、素练、大鞅、万领、舆马、女乐皆具。曰：必捶垛差［通］道[④]，垄虽凡山陵[⑤]。此为辍民之事，靡民之财，不可胜计也，其为毋[⑥]用若此矣。是故子墨子曰：乡者吾本言曰："意亦使法[⑦]其言，用其谋计，厚葬久丧，请[⑧]可以富贫众寡，定危治乱乎；则仁也，义也，孝子之事也，为人谋者，不可不劝也。意亦使法其言，用其谋，若人厚葬久丧，实不可以富贫众寡，定危治乱乎；则非仁也，非义也，非孝子之事也，为人谋者不可不沮也。

---

①大棺：棺之在表者也；中棺：棺之在内者也。《礼记·丧大记》云："君大棺八寸，属六寸，椑四寸；上大夫大棺八寸，属六寸；下大夫大棺六寸，属四寸。"属，即中棺也。
②阓："鞼"之假字；鞼：革绣也。操，依孙说改"杂"；杂：周匝也。　③即，依王说改"既"。　④捶：筑也。垛：涂道也。差：交互也。通，依孙说改"道"。　⑤虽：与"唯"通。凡：有积聚之义。垄虽凡山陵：谓丘垄唯欲积聚耦于山陵也。　⑥毋：读为"无"。　⑦法，据他本增。
⑧请：与"诚"通。

是故，求以富国家，甚得贫焉；欲以众人民，甚得寡焉；欲以治刑政，甚得乱焉。求以禁止大国之攻小国也，而既已不可矣；欲以干上帝鬼神之福，又得祸焉。上稽之尧舜、禹汤、文武之道，而政逆之；下稽之桀纣、幽厉之事，犹合节也。若以此观，则厚葬久丧，其非圣王之道也。

今执厚葬久丧者言曰：厚葬久丧，果非圣王之道，夫胡说中国之君子，为而不已，操而不择哉①？子墨子曰：此所谓便其习，而义其俗者也。

①择：与“释”通，舍也。

昔者，越之东有輆沭之国者，其长子生，则解而食之，谓之“宜弟”；其大父死，负其大母而弃之，曰“鬼妻不可与居处”。此上以为政，下以为俗，为而不已，操而不择；则此岂实仁义①之道哉？此所谓便其习而义其俗者也。楚之南，有［炎］啖②人国者，其亲戚死，［朽］歹③其肉而弃之，然后埋其骨，乃成为孝子。秦之西，有仪［秉］渠④之国者，其亲戚死，聚柴薪而焚之，熏上谓之“登遐”⑤，然后成为孝子，此上以为政，下以为俗，为而不已，操而不择，则此岂实仁义之道哉？此所谓便其习而义其俗者也。若以此若三国者观之，则亦犹薄矣；若以中国之君子观之，则亦犹厚矣。如彼则大厚，如此则大薄，然则葬埋之有节矣。故衣食者，人之生利也，然且犹尚有节；葬埋者，人之死利也，夫何独无节于此乎？

①义：宜也，谓以其俗为宜也。　②炎，依他本改“啖”。

③杇，据《列子》改“㱙”；㱙（guǎ），本作“咼”，剔人肉而置其骨也。　④秉，依毕说，据《列子》及《太平广记》改“仪渠”。仪渠：又作“义渠”，在今甘肃庆阳。　⑤燻上：谓烟升熏天。遐：亦远也；登遐：犹言“仙去”也。

子墨子制为葬埋之法曰：棺三寸，足以朽骨；衣三领，足以朽肉；掘地之深，下无菹[1]漏，气无发泄于上；垄足以期其所[2]，则止矣。哭往哭来，反从事乎衣食之财，佴乎祭祀[3]，以致孝于亲。故曰：子墨子之法，不失死生之利者，此也。

---

①菹：同“罅”，裂也。　②谓足以识其墓所也。
③佴：犹“佽”也。言取衣食之余财以佽助祭祀也。

故子墨子言曰：“今天下之士君子，中［谓］诚[1]将欲为仁义，求为上士；上欲中圣王之道，下欲中国家百姓之利；故当若节丧之为政，而不可不察［者］此者也[2]。”

---

①谓：依王说改“诚”，谓中心诚欲为仁义也。　②依王校改。

天志上[①]

子墨子言曰：今天下之士君子，知小而不知大。何以知之？以其处家者知之。若处家，得罪于家长，犹有邻家所[②]避逃之；然且亲戚、兄弟所知识[③]，［其］共[④]相儆戒，皆曰："不可不戒矣！不可不慎矣！恶[⑤]有处家而得罪于家长，而可为也？"

①志：意也；天志：谓当体承天帝之意，实行兼爱交利也。　②所：犹"可"也，下同。　③亲戚：父母也。所知识：谓平生所知交之人。　④其，依他本改"共"。　⑤恶，读平声。

非独处家者为然，虽处国亦然。处国得罪于国君，犹有邻国所避逃之；然且亲戚、兄弟所知识，［其］共相儆戒，皆曰："不可不戒矣!不可不慎矣!谁亦有处国得罪于国君，而可为也？"

此有所避逃之者也，相儆戒犹若此其厚，况无所避逃之者，相儆戒岂不愈厚，然后可哉？且语［言］[①]有之曰：焉而晏［曰］日[②]，焉而得罪，将恶避逃之？曰：无所避逃之！夫天不［可］为林谷幽门无人，明必见之[③]。然而天下之士君子之于天也[4]，忽然不知以相儆戒，此我所以知天下士君子知小而不知大也。

---

①言，依俞说删。　②焉：犹“于”也。而：犹“此”也。晏：清也，明也。曰，依毕校改“日”。　③可，据王闿运刊本删。门：冥也。言天视甚明，虽林谷幽冥无人之处，天必见之也。　④三字，皆依王说增。

然则天亦何欲何恶？天欲义而恶不义。然则率天下之百姓，以从事于义，则我乃为天之所欲也。我为天之所欲，天亦为我所欲。然则我[1]何欲何恶？我欲福禄而恶祸祟。若我不为天之所欲，而为天之所不欲[2]，然则我率天下之百姓以从事于祸祟中也。

---

①我，依他本增。　②依王校，据中篇增。

然则何以知天之欲义而恶不义？曰：天下有义则生，无义则死；有义则富，无义则贫；有义则治，无义则乱。然则天欲其生而恶其死，欲其富而恶其贫，欲其治而恶其乱，此［义］我[1]所以知天欲义而恶不义也。

---

①义，依万历本改“我”。

曰：且夫义者，政也；无从下之政上，必从上之政下[1]。是故庶人竭力从事，未得次己而为政[2]，有士政之；士竭力从事，未得次己而为政，有将军大夫政之；将军大夫竭力从事，未得次己而为政，有三公、诸侯政之；三公、诸侯竭力听治，未得次己而为政，有天子政之；天子未得次己而为政，有天政之。

①政：与“正”通，言义者所以正治人也。之：犹“而”也。　②次：古“恣”字；恣己：犹言“擅自”。

天子为政于三公、诸侯、士、庶人，天下之士君子固明知之[①]；天之为政于天子，天下百姓未［得］之得明知也[②]。故昔三代圣王禹汤文武，欲以天之为政于天子，明说天下之百姓，故莫不犓[③]牛羊，豢犬彘，洁为粢盛酒醴[④]，以祭祀上帝鬼神，而求祈福于天。我未尝闻天［下］之［所］求祈福于天子者也[⑤]，我所以知天之为政于天子者也。

①之，依毕说、孙说增。　②依陈说乙正。　③犓：以草饲牛也。　④为粢，依毕校，据后文增。粢盛：祭品也。黍稷曰粢；在器曰盛。　⑤下、所二字，依戴说删。

故天子者，天下之穷[①]贵也，天下之穷富也。故于富且贵者，当天意而不可不顺。顺天意者，兼相爱，交相利，必得赏；反天意者，别相恶，交相贼，必得罚。然则是谁顺天意而得赏者？谁反天意而得罚者？子墨子言曰：昔三代圣王禹汤文武，此顺天意而得赏者[②]也；昔三代之暴王桀纣幽厉，此反天意而得罚者也。

①穷：极也。　　②者，依毕说增。

然则禹汤文武，其得赏何以也？子墨子言曰：其事上尊天，中事鬼神，下爱人。故天意曰：此之[①]我所爱，兼而爱之，我所利，兼而利之；爱人者，此为博焉；利人者，此为厚焉。故使贵为天子，富有天下，业延[②]万世子孙，传称其善，方施天下[③]，至今称之，谓之“圣王”。

①之：与“于”同义，下同。　　②延，依王本增。③方：与“旁”古通，溥也。方施天下，言德泽之施，溥遍于天下。

然则桀纣幽厉得其罚，何以也？子墨子言曰：其事上诟天，中诬鬼，下[贱]贼[①]人。故天意曰：此之我所爱，别而恶之；我所利，交而贼之；恶人者，此为之博也；贼人者，此为之厚也。故使不得终其寿，不殁其世，至今毁之，谓之“暴王”。

①贱，依王校改“贼”。

然则何以知天之爱天下之百姓？以其兼而[明]利之[①]。何以知其兼而[明]利之？以其兼而有之。何以知其兼而有之？以其兼而食焉。何以知其兼而食焉？曰：四海之内，粒食[2]之民，莫不犓牛羊，豢犬彘，洁为粢盛酒醴，以祭祀于上帝，鬼神。天有［色］邑人[3]，何用弗爱也？且吾言杀一不辜者，必有一不祥。杀不辜者，谁也？则人也。予之不祥者，谁也？则天也。若以天为不爱天下之百姓，则何故以人与人相杀而天予之不祥？此我所以知天之爱天下之百姓也。

---

①明，依陈说改“利”。 ②粒食：犹言“谷食”。③色，依毕校改“邑”。邑人：犹儒家言“下民”。

顺天意者，义政也；反天意者，力政也。然义政[1]将奈何哉？子墨子言曰：处大国，不攻小国，处大家，不篡小家，强者不劫弱，贵者不傲贱，多者不暴寡[2]，诈者不欺愚。此必上利于天，中利于鬼，下利于人。三利，无所不利，故举天下美名加之，谓之“圣王”。

---

①政，依毕校增。 ②四字依陶说增。

力政者则与此异。言非[1]此，行反此，犹［倖］僢[2]驰也。处大国，攻小国，处大家，篡小家，强者劫弱，贵者傲贱，多者暴寡[3]，诈者欺愚，此上不利于天，中不利于鬼，下不利于人。三不利，无所利，故举天下恶名加之，谓之“暴王”。

---

①非：犹“背”也。 ②倖，依孙说改“僢”；僢，与“舛”同，乖也。 ③依陈说增。

子墨子言曰：我有天志，譬若轮人之有规，匠人之有矩。轮匠执其规矩，以度天下之方圜，曰："中者是也，不中者非也。"今天下之士君子之书，不可胜载，言语不可尽计，上说诸侯，下说列士，其于仁义则[大]去其远也①。何以知之？曰：我得天下之明法以度之。

①大，依陈说改"去"。其：通"綦"，极也。

明鬼下[1]

子墨子言曰：逮至昔三代圣王既没，天下失义，诸侯力正[2]。是以存[3]夫为人君臣、上下者之不惠忠也，父子、弟兄之不慈孝、弟长、贞良也，正[4]长之不强于听治，贱人之不强于从事也。民之为淫暴、寇乱[5]、盗贼，以兵刃、毒药、水火、退[6]无罪人乎道路率径，夺人车马、衣裘，以自利者并作。由此始，是以天下乱。此其故何以然也？则皆以疑惑鬼神之有与无之别，不明乎鬼神之能赏贤而罚暴也。今若使天下之人偕若[7]信鬼神之能赏贤而暴罚也，则夫天下岂乱哉？

---

①明鬼：明鬼神之实有也。　②正：与“征”通。　③是以存：犹言此所以然之故，由于……。　④正：亦官长也。　⑤乱，依毕校据下文增。　⑥退：犹“御”也。率：假借为“术”。车道曰“术”；步道曰“径”。　⑦偕若：犹言“设若”。

今执无鬼者曰“鬼神者固无有”，旦暮以为教诲乎天下，疑天下之众，使天下之众皆疑惑乎鬼神有无之别[1]，是以天下乱。是故子墨子曰：今天下之王公、大人、士君子，实将欲求兴天下之利，除天下之害，故当[2]鬼神之有与无之别，以为将不可以不察者也。

---

①别：读为“辩”。　②当：犹“于”也。

既以鬼神有无之别，以为不可不察已[①]。然则，吾为明察此，其说将奈何而可？子墨子曰：是与天下之所以察知有与无之道者，必以众之耳目之实知有与亡为仪者也[②]。请惑闻之见之[③]，则必以为有，莫闻莫见[④]，则必以为无。若是，何不尝入一乡一里而问之？自古以及今，生民以来者亦有尝见鬼神之物，闻鬼神之声，则鬼神何谓无乎？若莫闻莫见，则鬼神可[⑤]谓有乎？

---

①已：助词，犹“矣”也。《汉书》：“亦无及已。”　②亡：古“无”字。仪：标准也。谓欲察知鬼神之有无，必以众人之实际经验为标准也。　③请：读为“诚”。惑：与“或”通。　④依王校，据下文及《非命》篇补。　⑤可：古通“何”。

今执无鬼者言曰：夫天下之为闻见鬼神之物者，不可胜计也，亦孰为闻见鬼神有无之物哉。子墨子言曰：若以众之所同见，与众之所同闻，则若昔者杜伯是也。

周宣王杀其臣杜伯而不辜[①]，杜伯曰：“吾君杀我而不辜，若以死者为无知，则止矣；若死而有知，不出三年，必使吾君知之。”其三年，周宣王合诸侯而［用］田于圃田[②]，车数百乘，从数千，人满野。日中，杜伯乘白马素车，朱衣冠[③]，执朱弓，挟朱矢，追周宣王，射［入］之[④]车上，中心，折脊，殪[⑤]车中，伏弢[⑥]而死。当是之时，周人从者莫不见，远者莫不闻，著在周之春秋[⑦]。为君者以教其臣，为父者以譬其子，曰："戒之，慎之！凡杀不辜者，其得不祥，鬼神之［谋］诛[⑧]若此之憯遬也！"[⑨]以若书之说观之，则鬼神之有，岂可疑哉？

---

①不辜：谓不以其罪。杜伯：封于杜国之伯爵，陶唐氏之后。杜国，在今陕西西安南杜豊。　②田，依诸本改"田"。田：猎也。圃田：地名。　③朱衣冠：以韦所制之衣冠也。《周礼·司服》："凡兵事，韦弁服。"　④入，依孙说，据《文选》注引，改"之"。　⑤殪（yì）：死。　⑥弢（tāo）：弓衣也。　⑦春秋：国史也。《国语》韦注云："春秋纪人事着恶，而目以天时，谓之春秋，周史之法也。"　⑧谋，依毕说，据后文改"诛"。　⑨憯：与"惨"通，急疾也。遬："速"籀文。也，依他本增。

非惟若书之说为然。昔者［郑］秦[①]穆公，当昼日中处乎庙，有神入门，［而左］人面[②]鸟身，素服［三绝］玄纯[③]，面状正方。［郑］秦穆公见之，乃恐惧奔。神曰[④]："无惧！帝享女[⑤]明德，使予锡女寿十年有九，使若国家蕃昌，子孙茂毋失。"［郑］秦穆公再拜稽首曰："敢问神名[⑥]？"曰："予为句芒[⑦]。"若以［郑］秦穆公之所身见为仪[⑧]，则鬼神之有，岂可疑哉？

①郑，依孙说改“秦”，下同。　②而左，依李说改“人面”。　③三绝，依孙说改“玄纯”。玄纯：黑绿也。④神曰，依毕说，据《太平广记》引增。　⑤女：与“汝”同。　⑥名，依王校增。　⑦句芒：司春之神。《月令》：“春。其神句芒。”　⑧仪：例也。

非惟若书之说为然也。昔者燕简公，杀其臣庄子仪而不辜。庄子仪曰：“吾君王杀我而不辜，死人毋知，亦已；死人有知，不出三年，必使吾君知之。”期年，燕将驰祖[1]。燕之有祖，当齐之社稷，宋之有桑林，楚之有云梦也。此男女之所属而观也。日中，燕简公方将驰于祖涂[2]，庄子仪荷朱杖而击之，殪之车上。当是时，燕人从者莫不见，远者莫不闻，著在燕之《春秋》。诸侯传而言之曰：“凡杀不辜者，其得不祥，鬼神之诛，若此其憯遬也！”以若书之说观之，则鬼神之有，岂可疑哉？

①祖：即祖泽，地名。驰祖：为田猎而驰骋于祖泽也。②祖涂：祖泽之涂。

非惟若书之说为然也。昔者宋文君鲍之时，有臣曰：［袥］祝[1]观辜，［固］尝从事于厉[2]。祩子杖揖出[3]，与言曰：“观辜！是何［陆］珪[4]璧之不满度量，酒醴、粢盛之不净洁也？牺牲之不全[5]肥，春、秋、冬、夏之选失时[6]？岂女为之与，意[7]鲍为之与？”观辜曰：“鲍幼弱，在荷繦之中，鲍何与识焉？官臣[8]观辜特为之。”祩子举揖而槁[9]之，殪之坛上，当是时[10]，宋人从者莫不见，远者莫不闻，著在宋之《春秋》。诸侯传而语之曰：“诸不敬慎祭祀者，鬼神之诛，至若此其憯遬也！”以若书之说观之，鬼神之有，岂可疑哉？

①祐，依孙说改“祝”。祝：即周礼大小祝，盖以官为姓者。　②固，依吴（闿）说删。厉：神祠也。　③祩：为“祠”之异文；祩子，犹楚辞之“灵子”，巫也。揖：与“楫”同，为钟鼓簴上之饰。盖谓厉祠之神。凭巫持翣而与祝辜言也。④陆，依他本改“珪”。　⑤全：与“牷”同，纯色也。⑥之，依陈说增。选：献也，谓祭祀。　⑦意：与“抑”同。⑧官臣：犹言奉职之臣。　⑨槁：为“敲”之同声假借字。⑩时，依一本增。

非惟若书之说为然也。昔者齐庄君之臣[1]，有所谓王里国与[2]中里徼者。此二子者，讼三年而狱不断，齐君由谦杀之[3]，恐不辜；犹谦释之，恐失有罪。乃使之人共一羊，盟齐之神社，二子许诺。于是泏洫，摆羊而［漉］洒其血[4]。读王里国之辞既已终矣，读中里徼之辞未半也，羊起而触之，折其脚，祧神之而槁之[5]，殪之盟所。当是时，齐人从者莫不见，远者莫不闻，著在齐之《春秋》。诸侯传而语之曰：“［请品］诸兕［先］矢不以其请者[6]，鬼神之诛，至若此其憯遬也！”以若书之说观之，鬼神之有，岂可疑哉？

①臣，依毕说，据《太平御览》《事类赋》增。　②与，据《事类赋》注引增。　③由、犹：皆欲也。谦：与“兼”同。　④泏：“掘”之借字。洫：坎也。所谓坎用牲加书也。摁：字书无此字。与“刭”通，刎也。漉，依毕说改“洒”。⑤祧：当读为“跳”，谓蹶僵也。往，之：也。　⑥请品，依王本改“诸咒”。先，依俞说改“矢”。矢：与“誓”古通。其请之请，与“情”通，实也。下同。

是故子墨子言曰：虽有深溪、博林、幽涧，毋人之所[1]，施行不可以不董[2]，见有鬼神视之。

①有：在也。毋：与“无”同。所：处也。　②董：督也，谓衺行不可以不督责而正之。

今执无鬼者曰：夫众人耳目之请，岂足以断疑哉？奈何其欲为［高］尚士[1]君子于天下，而有复信众之耳目之请哉[2]？子墨子[3]曰：若以众之耳目之请以为不足信也，不以断疑；不识若昔者三代圣王，尧舜、禹汤、文武者，足以为法乎？故于此乎自中人以上，皆曰：若昔者三代圣王，足以为法矣。若苟昔者三代圣王足以为法，然则姑尝上观圣王之事。

①高，依孙说改“尚士”；尚士：即上士也。　②有：又也。复：厚也。　③墨子，依毕校增。

昔者武王之攻殷诛纣也，使诸侯分其祭①，曰："使亲者受内祀②，疏者受外祀③。"故武王必以鬼神为有，是故攻殷伐纣，使诸侯分其祭。若鬼神无有，则武王何祭分哉④？

①谓武王克殷分命诸侯，使主殷祀也。　②谓同姓之国得立祖王庙，如鲁以周公为文王子，故立文王庙而祀之，是也。③谓异姓之国，祭山川四望之属。　④何祭分：犹言"何祭之分"。"之"字，古人语急而省。

非惟武王之事为然也，故①圣王，其赏也必于祖，其僇也必于社。赏于祖者，何也？告分之均也！僇于社者，何也？告听之中也②。

①故：通"古"。　②分之均：谓颁赏平均；听之中：谓断罪允当也。

非惟若书之说为然也。且惟昔者虞夏、商、周三代之圣王，其始建国营都日，必择国之正坛，置以为宗庙。必择木之修茂者，立以为［菆位］丛社①。必择国之父兄慈孝贞良者，以为祝宗②。必择六畜之［胜］腯肥倅毛③，以为牺牲，珪璧宗璜，称财为度。必择五谷之芳黄，以为酒醴、粢盛；故酒醴、粢盛，与岁上下也④。故古圣王治天下也，故⑤必先鬼神而后人者，此也。故曰：官府选效，必先祭器祭服，毕藏于府；祝宗有司，毕立于朝，牺牲不与昔聚群[6]。故古者圣王之为政若此。

---

①蕞位，依王说改“丛社”。丛：谓草木岑蔚之所；社：神祠也。　②祝：太祝；宗：宗伯也。　③胜，依刘校删。腯（tú）：肥满也。倅：与“粹”通，毛色纯也。　④与岁上下：谓依年岁之丰凶，定祭祀之厚薄也。《逸周书·籴匡篇》云：“成年谷足，宾祭以盛；年饥，举祭以薄；大荒，有祷无祭。”　⑤故：事也。　⑥昔：畴昔，谓平时也。此言祭牲当特系，不与常时所畜群聚也。

古者圣王，必以鬼神为有[1]，其务鬼神厚矣！又恐后世子孙不能知也，故书之竹帛，传遗后世子孙；［咸］或[2]恐其腐蠹绝灭，后世子孙不得而记，故琢之盘盂，镂之金石以重之。有恐后世子孙，不能敬莙以取羊[3]，故先王之书，［圣人］慎无一尺之帛，一篇之书，不语数鬼神之有也[4]。重有重之[5]，此其故何？则圣王务之。今执无鬼者曰：鬼神者固无有，则此反圣王之务；反圣王之务，则非所以为君子之道也。

---

①有，依王说增。　②咸，依王（引）说改“或”。　③羊：古通作“祥”。　④圣人，依王（景）说，据下文改“慎无”。慎，犹“诚”也。不，依陈说增。谓诚无有一尺之帛，一篇之书，不敬言鬼神之有也。　⑤有：与“又”同。

今执无鬼者之言曰：先王之书，慎无一尺之帛，一篇之书，语数鬼神之有；重有重［亦何书］[①]之，亦何书有之哉？子墨子曰：《周书》、《大雅》有之。《大雅》曰："文王在上，于昭于天[②]。周虽旧邦，其命维新[③]。有周不显，帝命不时[④]。文王陟降，在帝左右[⑤]。穆穆文王！令问不已[⑥]。"若鬼神无有，则文王既死，彼岂能在帝之左右哉？此吾所以知《周书》之鬼也[⑦]。

---

①"重"下"有"字，亦读为"又"。"亦何书"三字，依毕校删。　②在上：在民上也。于：叹美之辞。昭：见也。言文王有功于民，其德著见于天也。　③谓周建国以来，虽已历其年数，至文王而始受天命为天子也。　④有周：周也。显：光也。时：是也。谓有周之德，岂不光明乎？天命之，岂不是乎？　⑤陟降：古人常语，犹言"登遐"。谓文王没后之神灵，常在天帝之左右也。　⑥穆穆：深远之貌。问：与"闻"同。谓此威仪穆穆之文王，其令名必垂不朽也。　⑦谓此吾所以知周书之主张有鬼也。

且《周书》独鬼，而《商书》不鬼，则未足以为法也。然则姑尝［止］上[①]观乎《商书》。曰："呜呼！古者有夏，方未有祸之时，百兽贞[②]虫，允[③]及飞鸟，莫不比方[④]。矧［住］隹人面[⑤]，胡敢异心？山川鬼神，亦莫敢不宁。若能共允[⑥]，［住］隹[⑦]天下之合，下土之葆[⑧]。"察山川、鬼神之所以莫敢不宁者，以［佐］谋佐[9]禹也。此吾所以知《商［周］书》[10]之鬼也。

---

①止，依他本改“上”。 ②贞：为“征”之假借字，活动之义。 ③允：与“以”通。 ④比：依顺也；方：犹“道”也。谓依顺于道也。 ⑤住，依他本改“佳”；佳：古“惟”字。人面：犹言“人类”。 ⑥共：读为“恭”。允：诚也。 ⑦住，依毕校改“佳”，亦古“惟”字。 ⑧葆：与“保”通，守也，安也。 ⑨佐谋，依王（景）说改“谋佐”。 ⑩周，依王、苏，据上文改“书”。

且《商书》独鬼，而《夏书》不鬼，则未足以为法也。然则姑尝［止］上[1]观乎“夏书”。《禹誓》曰：“大战于甘[2]。王乃命左右六人下[3]，下听誓于中军，曰：‘有扈氏威侮五行[4]，怠弃三正[5]，天用剿[6]绝其命。’有[7]曰：“日中[8]”。今予与有扈氏争一日之命！且[9]尔卿大夫、庶人，予非尔田野葆[10]士之欲也，予共[11]行天之罚也。左不共于左，右不共于右[12]，若不共命[13]；御非尔马之政，若不共命。’是以赏于祖而僇于社。”赏于祖者何也？言分命之均也。僇于社者何也？言听狱之［事］中[14]也。故古圣王，必以鬼神为赏贤而罚暴，是故赏必于祖而僇必于社。此吾所以知《夏书》之鬼也。

---

①止，依他本改“上”。 ②甘：在今陕西鄠县。 ③六人：六军之将；下：下车也。 ④有扈：国名，姒姓，在

今陕西云县。⑤五行：仁、义、礼、智、信也。三正：天、地、人三者之正道也。⑥剿：绝也。⑦有：读为“又”。⑧此引有扈氏之言，谓“吾之有天下，如日之方中，其盛无比”，盖谓其妄自夸大，不知诫慎也。⑨且：通为“嗟”。⑩葆：通为“俘”。⑪共：与“恭”同。⑫左、右：谓车之左右也。车左主射；车右主执戈以退敌。不共：谓玩忽职务也。⑬若：汝也。若不共命：谓汝苟如此，则当以不奉命谕也。⑭僇：与“戮”同。事，依王说改“中”。中：与“衷”通，谓衷于事理也。

故尚书夏书[①]，其次商周之书，语数鬼神之有也。重有[②]重之，此其故何也？则圣王务之。以若书之说观之，则鬼神之有，岂可疑哉？于［古曰］[③]吉日丁［卯］丣[④]，［周］用代［祝］祀社、方[⑤]，岁于［社］祖考[⑥]，以延年寿；若无鬼神，彼岂有所延年寿哉！

---

①尚，与“上”通。尚书：犹今言上古史。②有，读为“又”。③古曰，依刘师培说删。④卯，依孙说改“丣”；丣，古“酉”字。⑤周代祝，依孙说改“用代祀社”。社：土地之神。方：四方之神。⑥社，依孙说改“祖”。言奉岁时之祭于祖考也。

是故子墨子曰：尝若鬼神之能赏贤如罚暴也[①]，盖本施之国家，施之万民，实所以治国家，利万民之道也。［若以为不然］[2]是以，吏治官府之不洁廉，男女之为无别者，鬼神见之；民之为淫暴、寇乱、盗贼，以兵刃、毒药、水火，［退］迓[3]无罪人乎道路，夺人车马衣裘以自利者，有鬼神［现］见[4]之。是以吏治官府，不敢不洁廉；见善，不敢不赏；见暴，不敢不罪。民之为淫暴、寇乱、盗贼，以兵刃、毒药、水火，退无罪人乎道路，夺车马衣裘以自利者，由此止。［是以莫放幽闲拟乎鬼神之明显，明有一人畏上诛罚］[5]是以天下治。

---

①尝：读为“当”。当若，犹言“于此”。如：与“而”音义同。　②五字依王说删。　③退，亦依孙说改“迓”。迓：与“御”通。　④现：依吴钞本改“见”。　⑤依戴说删。

故鬼神之明，不可为幽闲广泽，山林深谷，鬼神之明必知之。鬼神之罚，不可为[1]富贵众强，勇力强武，坚甲利兵，鬼神之罚必胜之。若以为不然[2]。

---

①为，依他本增。　②犹言：若以为不然乎？吾且举例以明之也。

昔者夏王桀，贵为天子，富有天下，上诟天侮鬼，下殃傲天下之万民，祥[1]上帝，伐元山帝［行］祀[2]，故于此[3]乎天乃使汤至明罚焉。汤以车九十[4]两，鸟阵雁行。汤乘大赞[5]，犯［遂下］逐夏众，［人］入之［蟜］郊遂[6]；王乎，禽推哆大戏[7]。故昔夏王桀贵为天子，富有天下，有勇之士[8]，推哆大戏，主别兕虎⑨，指画杀人。人民之众兆亿，侯⑩盈厥泽陵；然不能以此圉鬼神之诛⑪。此吾所谓鬼神之罚不可为富贵众强、勇力强武、坚甲利兵者，此也。

①祥：读为“佯”，诈也。　②行：据王（闿）说改“祀”。盖谓伐郊坛社树也。　③此：犹“是”也。至，与“致”同。④十，依孙说增。古者兵车一两，卒二十五人。　⑤大赞：地名。乘：升也。盖谓由大赞之间道，从高而下也。　⑥诸字依孙说改。　⑦王：指“汤”。乎：于是乎。推哆大戏：桀之别号。哆，同“移”；大戏：即“大牺”，盖桀之力能推移大牛，因以为号也。　⑧士，依王本增。　⑨主别兕虎：谓职主辨别兕虎之类，驱之作战也。　⑩侯：维也。　⑪圉：与“御”通。

且不惟此为然。昔者殷王纣，贵为天子，富有天下，上诟天侮鬼，下殃［傲］杀①天下之万民；播弃黎②老，贼诛孩子，［楚毒］焚炙③无罪，刳剔孕妇；庶旧鳏寡，号咷无告也。故于此乎，天乃使武王至明罚焉。武王以择车百两，虎贲之卒四百人，先庶国节窥戎④，与殷人战乎牧之野。王乎，禽费中、恶来⑤。众畔［百］自⑥走，武王逐奔入宫，万年梓株⑦，折纣而系之赤环，载之白旗，以为天下诸侯僇。故昔者殷王纣，贵为天子，富有天下，有勇力之人，费中、恶来、崇侯虎，指［寡］画⑧杀人；人民之众兆亿，侯盈厥泽陵，然不能以此圉鬼神之诛。此吾所谓鬼神之罚，不可为富贵众强、勇力强武、坚甲利兵者，此也。且禽艾[9]之道之曰：“得玑无小[10]，灭宗无大。”则此言鬼神之所赏，无小必赏之；鬼神之所罚，无大必罚之。

---

①儆，依王校改“杀”。　②黎：与“耆”通。　③楚毒：依王说改“焚炙”，盖谓炮烙之刑也。　④节：为“即”之假借字。窥戎：观兵也。谓先诸国而遂即观兵也。　⑤王：指武王。中：读为“仲”。费仲、恶来，皆纣臣。　⑥百，依陈说改“自”。　⑦年：为“人”之假借字。梓：为“宰”之假借字。株：为“诛”之假借字。万人宰诛：谓万民争诛杀纣也。　⑧寡，依《太平御览》引改“画”。　⑨禽艾：逸书篇名。　⑩得玑：与“德岁”古通。

今执无鬼者曰：意不［忠］中[1]亲之利而害为孝子乎？子墨子曰：古之[2]今之为鬼，非他也：有天鬼神[3]，亦有山水鬼神者，亦有人死而为鬼者。今有子先其父死，弟先其兄死者矣。意虽使然，然而天下之陈物[4]，曰先生者先死。若是，则先死者，非父则母，非兄而姒[5]矣，今洁为酒醴、粢盛，以敬慎祭祀，若使鬼神请[6]有，是得其父母姒兄而饮食之也，岂非厚利哉？若使鬼神请亡，是乃费其所为酒醴、粢盛、牺牲[7]之财耳。

---

①忠，依苏说，据上文改“中”。　②之：犹“至”也，谓自古至今也。　③神，依孙说增。　④陈物：谓故事常

理。　⑤姒：女子先生者也。　⑥请：读为“诚”。详前。⑦牺牲，二字据下文增。

［自］[1]且夫费之，非[2]特注之污壑而弃之也；内者宗族，外者乡里，皆得如[3]具饮食之。虽使鬼神请亡[4]，此犹可以合欢聚众，取亲于乡里。今执无鬼者言曰：“鬼神者固请无有，是以不共其酒醴、粢盛、牺牲之财。”吾非乃今爱其酒醴、粢盛、牺牲之财乎[5]？其所得者，［臣］固[6]将何哉？此上逆圣王之书，内逆民人孝子之行；而欲[7]为上士于天下，此非所以为上士之道。是故子墨子曰：今吾为祭祀也，非直注之污壑而弃之也，上以交鬼之福，下以合欢聚众，取亲乎乡里。若鬼神有[8]，则是得吾父母、［弟］兄姒而食之也[9]，则此岂非天下利事也哉？是故子墨子曰：今天下之王公、大人、士君子，中实将欲求兴天下之利，除天下之害，当若鬼神之有也，将不可不尊明也[10]。圣王之道也。

---

①自，依孙说改“且”。　②非，依苏、俞校增。③如：与“而”通。　④亡：为“无”之本字。　⑤爱：谓吝惜也。乎：当读为“也”。　⑥臣，依陈说改“固”。⑦欲，依陈说增。　⑧上文⑧处，只有“鬼”字，依孙说，据上文增。　⑨依俞说改。　⑩当若：犹言“于此”。尊明：谓尊事而明著之，以示人也。

非乐上[①]

子墨子言曰：仁者之事，［者］[②]必务求兴天下之利，除天下之害，将以为法乎天下。利人乎，即为；不利人乎，即止。且夫仁者之为天下度也，非为其目之所美，耳之所乐，口之所甘，身体之所安；以此亏夺民衣食之财，仁者弗为也。

①以音乐为无益于人而斥之也。　②据万历本改。

是故子墨子之所以非乐者，非以大钟、鸣鼓、琴瑟、竽笙之声，以为不乐也；非以刻镂、［华］[①]文章之色，以为不美也；非以犓豢[②]、煎炙之味，以为不甘也；非以高台、厚榭、邃野之居[③]，以为不安也。虽身知其安也，口知其甘也，目知其美也，耳知其乐也。然上考之，不中圣王之事；下度之，不中万民之利。是故子墨子曰：为乐非也。

①华，依一本删。　②犓：谓牛羊；豢：谓犬豕。草食，曰刍；谷食，曰豢。　③邃：深也。野：古与“宇”通，屋也。

今王公大人虽[①]无造为乐器，以为事乎国家，非直掊潦水，折壤［坦］垣而为之也[②]；将必厚措敛[③]乎万民，以为大钟、鸣鼓、琴瑟、竽笙之声。古者圣王，亦尝厚措敛乎万民以为舟车，既已成矣，曰："吾将恶许[4]用之。"曰："舟用之水，车用之陆；君子息其足焉，小人休其肩背[5]焉。"故万民出财，赍而予之[6]，不敢以为戚恨者，何也？以其反中民之利也[7]。然则乐器反中民之利，亦若此，即我弗敢非也；然[8]，则当用乐器。譬之若圣王之为舟车也。即我弗敢非也。

---

①虽：与"唯"同。无：语助词。　②捪：与"抔"通，以手掬之也。折：读为"挞"。壤：柔土也。坦，依张说改"埴"。土黏曰埴。言王公大人之造为乐器，非若掬水挞土之不费也。　③措敛：犹言"藉敛"。　④恶许：犹言"何所"，谓吾将何所用之也。　⑤休其肩背：谓免于负荷也。⑥赍：予人以物。此谓人民出财货，以为造舟车之用也。⑦反：同"阪"，大也。中：得也。　⑧然：如此也。

民有三患，饥者不得食，寒者不得衣，劳者不得息；三者，民之巨患也。然即，当为之撞巨钟[1]，击鸣鼓，弹琴瑟，吹竽笙，而扬干戚[2]，民衣食之财将安可得乎[3]？即我以为未必然也。

---

①即：与"则"同。当：与"尝"通。尝，试也。②扬：舞也。干：盾类；戚：斧类。舞者所执也。　③安：犹"于是"。谓衣食之财，于是乎可得而具也。

意舍此[①]：今有大国即攻小国，有大家即伐小家，强劫弱，众暴寡，诈欺愚，贵傲贱，寇乱盗贼并兴[②]，不可禁止也；然即当为之撞巨钟，击鸣鼓，弹琴瑟，吹竽笙，而扬干戚，天下之乱也将安可得而治与？即我以为[③]未必然也。

---

①意：与“抑”通。舍此：言姑舍此勿论，而更论他事也。
②自外，曰寇；自内，曰乱。窥物，曰盗；杀人，曰贼。
③“以为”二字，依俞说，据上文补。

是故子墨子曰：姑尝厚措敛乎万民，以为大钟、鸣鼓、琴瑟、竽笙之声，以求兴天下之利，除天下之害而无补也。是故子墨子曰：为乐非也。

今王公大人，[惟]唯毋处高台[①]、厚榭之上而视之，钟犹是延鼎[②]也。弗撞击，将何乐得焉[③]哉？其说将必撞击之。惟勿[④]撞击，将必不使老与迟[⑤]者。老与迟者，耳目不聪明，股肱不毕强，声不和调，明不转[朴]利[⑥]。将必使当年[⑦]，因其耳目之聪明，股肱之毕强，声之和调，眉之转[朴]利。使丈夫为之，废[大]丈[⑧]夫耕稼、树艺之时；使妇人为之，废妇人纺绩织纴之事。今王公大人[惟]唯[⑨]毋为乐，亏夺民衣食之[时]财以拊乐[⑩]，如此多也。是故子墨子曰：为乐非也。

---

①惟，依吴钞本改“唯”。唯毋：皆语助词。　②延：读为“埏”。埏鼎：铸鼎土型。钟虚悬而弗击，则谓之埏鼎也。③焉：犹“乎”也。　④惟勿：语助词，犹云“唯毋”“唯无”。　⑤迟：与“稚”通。　⑥明：与“眉”通。朴，依王本改“利”，下同。　⑦当年：壮年也。　⑧大，依他本改“丈”。　⑨惟，依吴钞本改“唯”。　⑩时，依王校改“财”。拊：击也；拊乐：奏乐也。

今大钟、鸣鼓、琴瑟、竽笙之声既已具矣，王公大人锈然奏而独听之[①]，将何乐得焉哉？其说将必与贱人，不[②]与君子。与君子[③]听之，废君子听治；与贱人听之，废贱人之从事。今王公大人，惟毋为乐，亏夺民之衣食之财以拊乐，如此多也。是故子墨子曰：为乐非也。

---

①王公，依毕说增。锈然：锈，“肃”之繁文。闲静之貌。②不：犹“否”也。谓所与共听者，非贱人，则君子也。③与君子，依毕校增。

昔者，齐康公兴乐万[①]，万人不可衣短褐[②]，不可食糠糟。曰：食饮不美，面目颜色不足视也；衣服不美，身体从容［丑羸］不足观也[③]。是以，食必粱肉，衣必文绣。此掌[④]不从事乎衣食之财，而掌食乎人者也。是故子墨子曰：今王公大人，惟毋为乐亏夺民衣食之财以拊乐，如此多也。是故子墨子曰：为乐非也。

---

①万：即“万舞”，舞之一种。乐万：犹言“乐舞”。②万人：亦犹言“舞人”也。短：音“竖”；短褐：劳动者之粗布短衣也。　③从容：举动也。谓衣服不美，则身体之一举一动，皆无足观也。丑羸，依王说，据钞本《北堂书钞》，《太平御览》引删。　④掌：与“常”通。

今人固与禽兽、麋鹿、蜚鸟、贞虫异者也[1]。今之禽兽、麋鹿、蜚鸟、贞虫，因其羽毛以为衣裘，因其蹄蚤以为绔屦[2]，因其水草以为饮食；故唯[3]使雄不耕稼、树艺，雌亦不纺绩织纴，衣食之财固已具矣。今人与此异者也：赖其力者［主］生[4]，不赖其力者不［主］生。君子不强听治，即刑政乱；贱人不强从事，即财用不足。

---

①蜚：与“飞”通。贞：与“征”通。详《明鬼》下篇。②蚤：为“爪”之借字。绔：即“袴”正文，胫衣也。③唯：与“虽”通。　④主，依毕校改“生”。

今天下之士君子，以吾言不然。然即姑尝数天下分事[1]，而观乐之害。王公大人，蚤朝晏退，听狱治政，此其分事也。士君子竭股肱之力，亶[2]其思虑之智，内治官府，外收敛关市、山林、泽梁之利，以实仓廪府库，此其分事也；农夫蚤出暮入，耕稼树艺，多聚［升］叔粟[3]，此其分事也；妇人夙兴夜寐，纺绩织纴，多治麻、丝、葛、绪，［细］綑布、［缪］缲[4]，此其分事也。今惟毋在乎王公大人，说[5]乐而听之，即必不能蚤朝晏退，听狱治政，是故国家乱而社稷危矣。今惟毋在乎士君子，说乐而听之，即必不能竭股肱之力，亶其思虑之智，内治官府，外收敛关市、山林、泽梁之利，以实仓廪府库，是故仓廪府库不实。今惟毋在乎农夫，说乐而听之，即必不能蚤出暮入，耕稼、树艺，多聚［升］叔粟；是故叔粟[6]不足。今惟毋在乎妇人，说乐而听之，即［不］必不能[7]夙兴夜寐，纺绩织纴，多治麻、丝、葛、绪，［细］綑布、［缪］缲，是故，布、［缪］缲不兴。

①分：读如“职分”之“分”；分事：谓各人职分内应尽之事。　②亶：与“殚”通，尽也。　③升，依王说改“叔”。叔，与“菽”同。　④绪：与“纻”同。细，依卢说改“綑”。綑，织也。缪，依王说改“缲”。缲，音早，缣也。下同。⑤说：与“悦”同。　⑥四字，依王校据上下文补。　⑦不必，依上文，改“必不能”。

曰：孰为而废大人之听治，［而废国家］贱人之从事[1]？曰：乐也。是故子墨子曰：为乐非也。

①而废，依俞说移上。国家，依俞说改贱人。而：读为“能”。

何以知其然也？曰：先王之书，汤之《官刑》有之，曰：“其［桓］恒①舞于宫，是谓巫风②。其刑，君子出丝二卫③；小人［否似］倍以二伯黄［径］经④。”乃言曰：“呜乎！舞［佯佯］洋洋⑤黄［言］音孔章⑥！上帝弗常⑦，九有以亡⑧；上帝不顺，降之［日］百殃⑨，其家必怀⑩丧。”察九有之所以亡者，徒从饰乐也。于《武观》⑪曰：“启乃淫溢康乐⑫，野于饮食⑬。将将［铭］锽锽，苋磬以［力］方⑭。湛浊于酒，渝食于野⑮。万舞翼翼，章闻于［大］天⑯，天用弗式⑰。”故上者，天鬼弗［戒］式⑱；下者，万民弗利。

---

①桓，依他本改“恒”。　②巫：以舞降神，为人祈祷者；巫风：盖谓其行径直同于巫也。　③卫：与“纬”通。④否似，依王本改“倍以”。伯：同“帛”。径，依王本改“经”。　⑤佯佯，依吴钞本改“洋洋”。洋洋，舞乐之形容。　⑥黄：同“簧”。言，依李说改“音”。孔：甚也。章：同“彰”，明也。　⑦常：古通“尚”。尚，右也。谓上帝弗佑助之也。　⑧九有：九州也。　⑨日，依毕校改“百”。殃：古“殃”字。　⑩怀：与“坏”通。　⑪武观：亦称《五觐》，逸书篇名，夏五子所叙也。　⑫启：开也。乃：汝也。启乃：谓先生未有，今开之自汝也。溢：同“佚”，乐也。　⑬野于饮食：倒装句，即谓“饮食于野”也。　⑭将将：与“锵锵”通。铭，依孙说改“锽锽”。锵锵锽锽：作乐声也。苋：与“筦”通。力，依孙说改“方”；方：

犹“并”也。筦磬以方：谓管磬之声并作也。　⑮湛浊：沉湎也，言饮酒无度。渝：为“偷”之借字，苟且也。　⑯翼翼：闲也。大，依惠说改“天”。　⑰式：法也。天用弗式：谓天以为不法也。　⑱戒，依孙说改“式”。

是故子墨子曰：今天下士君子，请将欲求兴天下之利，除天下之害，当在乐之为物，将不可不禁而止也。

非命下[①]

子墨子言曰：凡出言谈，则［必］不可而不先立仪而言[②]。若不先立仪而言，譬之犹运钧之上而立朝夕焉也[③]；我以为虽有朝夕之辩，必将终未可得而从定也。是故，言有三法。

①言无吉凶之命，但有不肖、善恶。　②必，依俞说改“不”。不可而：不可以也。仪：准的也。　③运均：陶者所用之转盘。立朝夕：度东西也。谓置测景器于转盘之上，欲以正东西而测朝夕，乃为不可能之事也。

何谓三法？曰有考之者，有[①]原之者，有用之者。恶乎考之？考先[②]圣大王之事。恶乎原之？察众之耳目之请[③]。恶乎用之？发而为政乎国，察万民而观之。此谓三法也。

①有，依毕校增。　②先：犹“前”也。　③请：与“情”通。情，实也。

故昔者三代圣王，禹、汤、文、武，方为政乎天下之时，曰必务举孝子而劝之事亲、尊贤良之人而教之为善。是故，出政、施教、赏善、罚暴。且以为若此，则天下之乱也，将属可得而治也；社稷之危也，将属可得而定也。

若以为不然。昔桀之所乱，汤治之；纣之所乱，武王治之。当此之时，世不渝而民不易，上变政而民改俗。存乎[①]桀、纣而天下乱，存乎汤武而天下治。天下之治也，汤武之力也；天下之乱也，桀纣之罪也。若以此观之，夫安危治乱，存乎上之为政也，则夫岂可谓有命哉？

---

①存乎：犹言“在于”。

故昔者禹、汤、文、武方为政乎天下之时，曰必使饥者得食，寒者得衣，劳者得息，乱者得治，遂得光誉令问[①]于天下。夫岂可以为共[②]命哉？故以为其力也。今贤良之人，尊贤而好功[③]道术，故[④]上得其王公大人之赏，下得其万民之誉，遂得光誉令问于天下，亦岂以为其命哉？又以为其[⑤]力也。

---

①问：与“闻”通，声闻也。　②其，依下文增。③功：与“攻”通，治也。　④故：与“固”通。　⑤其，依上文增。

然今［天］执有命者[①]，不识昔也三代之圣善人与，意亡昔三代之暴不肖人与？［若］以若[②]说观之，则必非昔三代圣善人也，必暴不肖人也。

---

①天，依万历本改“执”。　②若以，依孙说改“以若”。

然今以命为有者，昔三代暴王，桀、纣、幽、厉，贵为天子，富有天下，于此乎不而[①]矫其耳目之欲，而从其心意之辟[②]。外之驱骋、田猎、毕弋[③]，内湛于酒乐而不顾其国家、百姓之政；繁为无用，暴逆百姓，遂失其宗庙。其言不曰："吾罢[④]不肖，吾听治不强。"必曰："吾命固将失之。"

---

①而：读如"能"。 ②辟：与"僻"同，邪僻也。 ③毕：以网掩雉兔也。弋：以绳系矢而射也。 ④罢：与"疲"通。

虽昔也三代罢不肖之民，亦犹此也。不能善事亲戚[①]、君长，甚恶恭俭而好简易，贪饮食而惰从事；衣食之财不足，是以身有陷乎饥寒、冻馁之忧。其言不曰："吾罢不肖，吾从事不强。"［又］必[②]曰："吾命固将穷。"昔三代伪民，亦犹此也。

---

①亲戚：父母也。 ②又，依上文改"必"。

昔者暴王作之，穷人术之[①]，此皆疑众迟朴[②]。先圣王之患之也，固在前矣；是以，书之竹帛，镂之金石，琢之盘盂，传遗后世子孙。

---

①作：创也。言创为运命之说也。人，依毕校增。术：与"述"通。 ②迟：犹"疑"也。迟疑：连绵字。朴：朴实之人。

曰：何书焉存[①]？禹之《总德》[②]有之曰："允不著[③]，惟天［民］命不而葆[④]。既防凶星[⑤]，天加之咎。不慎厥德，天命焉葆？"《仲虺之告[⑥]》曰："我闻有夏人，矫天命，布命[⑦]于下；帝式是增[⑧]，用［爽］丧厥师。[⑨]"彼用无为有，故谓矫[⑩]：若有而谓有，夫岂为矫哉！昔者，桀执有命而行，汤为《仲虺之告》以非之。《太誓》之言也，［于去发］[⑪]曰："恶乎君子[⑫]。天有显德，其行甚章[⑬]。为鉴不远，在彼殷王[⑭]：谓'人有命'，谓'敬不可行'，谓'祭无益'，谓'暴无伤'。上帝不常，九有以亡[⑮]；上帝不顺，祝降其丧[⑯]。惟我有周受之大［帝］商"[⑰]。

---

①此系倒装句，何书焉存，犹云"存于何书"也。焉：于也。　②总德：逸书篇名。　③著：读为"若"。允不若，信不顺也。　④民，依王（景）说改"命"。而：同"尔"。葆：同"保"。　⑤既："旡"之假字，同"无"。谓不自防止其凶心也。　⑥告：同"诰"。《书叙》云："汤归自夏，至于大坰，仲虺作诰。"　⑦布命，依上中二篇补。言矫托天命，以布命于下民也。　⑧式：用也。增：读为"憎"，恶也，谓帝用是憎恶之也。　⑨爽，依上篇改"丧"。师：众也。　⑩诈称曰"矫"。谓本无所谓命，而彼乃强以为有，故谓之矫也。　⑪"于去发"三字，依陈说删。下"去发"二字同。　⑫谓恶乎为君子乎。恶乎：犹言"何者"。

⑬有：与"右"通，祐也。谓天祐助有明德之人，其事甚彰著

也。　　⑭殷王：指纣。　　　⑮常：读为“尚”，与“右”同义。九有：九州也。　　⑯祝：断也。谓天恶纣逆道，断绝其命，故下是丧亡之诛。　　⑰帝，依庄、陈校改“商”。

昔者，纣执有命而行，武王为《太誓》［去发］以非之。曰：子胡不尚考之乎商、周、虞、夏之记，从十简之篇以尚，皆无之[①]，将何若者也？

---

①尚：与“上”通。皆无之：谓皆以命为无也。

是故子墨子曰：今天下之君子之为文学，出言谈也，非将勤劳其［惟］喉[①]舌，而利其唇呡[②]也；中实将欲其国家邑里，万民刑政者也。

---

①惟，依王说改“喉”。　　②呡：“唇”之略字，与“吻”同，口边也。

今也王公大人之所以早朝晏退，听狱治政，终朝均分而不敢［息］[①]怠倦者，何也？曰：彼以为强必治，不强必乱；强必宁，不强必危；故不敢怠倦。今也，卿大夫之所以竭股肱之力，殚其思虑之知，内治官府，外敛关市、山林、泽梁之利，以实官府，而不敢怠倦者，何也？曰：彼以为强必贵，不强必贱；强必荣，不强必辱；故不敢怠倦。今也，农夫之所以蚤出暮入，强乎耕稼树艺，多聚［升］叔[②]粟而不敢怠倦者，何也？曰：彼以为强必富，不强必贫；强必饱，不强必饥；故不敢怠倦。今也，妇人之所以[③]夙兴夜寐，强乎纺绩织纴，多治麻［统］丝、葛、绪，［捆］捆布、［缪］缲[④]，而不敢怠倦者，何也？曰：彼以为强必富，不强必贫；强必暖，不强必寒，故不敢怠倦。

---

①息，依毕校删。　②升，依王校改“叔”，与“菽”同。　③以，依吴钞本增。　④统，依毕校改“丝”。捆，依他本改“捆”，同“綑”。缪，依王说改“缲”。详见《非乐》上篇。

今虽无在乎王公大人，蕢若[①]信有命而致行之，则必怠乎听狱、治政矣；卿大夫必怠乎治官府矣；农夫必怠乎耕稼、树艺矣；妇人必怠乎纺绩、织纴矣。王公大人怠乎听狱、治政，卿大夫怠乎治官府，则我以为天下必乱矣。农夫怠乎耕稼、树艺，妇人怠乎纺绩、织纴，则我以为天下衣食之财，将必不足矣。若以为政乎天下，上以事天鬼，天鬼不使[②]；下以待养[③]百姓，百姓不利，必离散不可得用也。是以入守则不固，出诛则不胜。故虽昔者三代暴王桀、纣、幽、厉之所以共抎其国家[④]，倾覆其社稷者，此也。

---

①蕢：假也。蕢若：犹为“假如”。　②使：从也。③待：与“持”通；持养，保养也。　④共：犹“俱”也。抎：与“损”古通。

是故子墨子言曰：今天下之士君子，中实将欲求兴天下之利，除天下之害，当若有命者之言，不可不强非也①。曰：命者，暴王所作，穷人所术，非仁者之言也。今之为仁义者，将不可不察而强非者，此也。

①依王说增。强：力也。谓有命之言，不可不力非之也。

耕　柱[①]

子墨子怒耕柱子。耕柱子曰："我毋俞[②]于人乎？"子墨子曰："我将上大行[③]，驾骥与羊，［我］子将谁［欧］驱？[④]"耕柱子曰："将［欧］驱骥也。"子墨子曰："何故［欧］驱骥也？"耕柱子曰："以骥足［以］责[⑤]。"子墨子[⑥]曰："我亦以子为足［以］[⑦]责。"

---

①此篇系记墨子与其弟子耕柱子等之问答，因以"耕柱"为篇名。　②俞：古"愈"字，胜也。　③大行：山名，在河南沁阳城北。　④我：依毕校，据《艺文类聚》《太平御览》改"子"。欧：依诸本改"驱"。　⑤以，依王说，据《类聚》《御览》《白帖引》，移上。以骥足责：言所以驱骥者，以骥之足以责也。　⑥子墨子，依毕校增。　⑦以，依王说，据《类聚》《御览》引删。

巫马子［谓］问[①]子墨子曰："鬼神孰与圣人明智？"子墨子曰：鬼神之明智于圣人，犹聪耳、明目之与聋瞽也。

---

①谓，依《类聚》引改"问"。

昔者，夏后［开］启使蜚廉折金于山［川］[①]，而［陶］铸鼎［之］于昆吾[②]。是使翁难雉乙，卜于白若之［龜］龟[③]。曰[④]："鼎成［三］四[⑤]足而方，不炊而自烹，不举而自臧[⑥]，不迁而自行，以祭于昆吾之墟。上乡[⑦]！"已［人］又言兆之由[⑧]，曰："飨矣[⑨]！逢逢[⑩]白云，一东、一西，一南、一北。［一西一东］[⑪]九鼎既成，迁于三国。"夏后氏失之，殷人受之；殷人失之，周人受之：夏后、殷、周之相受也，数百岁矣。使圣人聚其良臣与其桀相而［谏］谋，岂能［智］知数百岁之后哉？而鬼神［智］知之[⑫]。是故曰："鬼神之明智于圣人也，犹聪耳、明目之与聋、瞽也。"

---

①开，依苏说改"启"。启，禹王子。折：与"擿"通，谓发动之也。川，依王说，据诸书引删。　②陶铸之于昆吾，依王说改"铸鼎于昆吾"。昆吾：古国名，在今河北省开州西南。③龜，依诸本改"龟"。谓使翁灼白若之龟而卜之也。　④曰：翁卜时告龟之辞。　⑤三，依王、王（引）说，改"四"。⑥臧：与"藏"通。　⑦上乡：与"尚飨"同。　⑧已，依孙说增。人，依毕说改"又"。由：与"繇"通，兆之占辞。言已卜，又言其卦兆之占辞也。　⑨上命龟云"尚飨"，此兆从之，故云飨矣。　⑩逢：与"蓬"通。蓬蓬：盛貌。　⑪依王、王（引）说改。　⑫桀：与"杰"通。谏，依王（引）说改谋。智，依一本改"知"。言虽圣人与其良臣杰相共谋，亦必不能知数百岁之后也。

治徒娱、县子硕[1]问于子墨子曰："为义孰为大务？"子墨子曰："譬若筑墙然：能筑者筑，能实壤者实壤，能欣者欣[2]，然后墙成也。为义犹是也：能谈辩者谈辩，能说书者说书，能从事者从事，然后义事成也。"

①二人皆墨子弟子。　②欣：读为"睎"。睎，望也，盖谓测量。《吕氏春秋·不屈》篇："今之城者，或操大筑乎城上，或负畚而赴乎城下，或操表掇以善睎望。"

巫马子谓子墨子曰："子兼爱天下，未云[1]利也；我不爱天下，未云贼也。功皆未至，子何独自是而非我哉？"

①云：有也。

子墨子曰："今有燎者［此］于此[1]，一人奉水将灌之，一人掺[2]火将益之，功皆未至，子何贵于二人[3]？"巫马子曰："我是彼奉水者之意，而非夫掺火者之意。"子墨子[4]曰："吾亦是吾意，而非子之意也。"

①燎：放火也。此于，依他本改"于此"。　②掺：即"操"字异文。　③子何贵于二人：谓子于二人中孰贵之也。④墨子，依毕校增。

子墨子游荆[1]。耕柱子于楚，二三子过之[2]，食之三升，客之不厚。二三子复于子墨子曰："耕柱子处楚无益矣！二三子过之，食之三升，客之不厚。"子墨子曰："未可智[3]也"。

①荆：楚古名。　②谓子墨子游于楚时，耕柱子适在楚，从游之数门人访耕柱子也。　③智：与"知"同。

毋几何，而遗十金[1]于子墨子，曰："后生不敢死[2]，有十金于此，愿夫子之用也。"子墨子曰："果未可智也。"

①古者以一镒为一金，二十两为一镒。　②后生：弟子自称。不敢死：犹古人书疏称"死罪"常文。

巫马子谓子墨子曰："子[1]之为义也，人不见而［耶］服[2]，鬼不见而富[3]，而子为之，有狂疾。"

①子，依王校增。　②而：汝也。耶，依王说改"服"。人不见而服：谓未见人之服汝也。　③富：与"福"古通。鬼不见而富：谓未见鬼之福汝也。

子墨子曰："今使子有二臣于此，其一人者，见子从事，不见子则不从事；其一人者，见子亦从事，不见子亦从事，子谁贵于此二人？"巫马子曰："我贵其见我亦从事，不见我亦从事者。"子墨子曰："然则，是子亦贵有狂疾也。"

子夏之徒问于子墨子曰："君子有斗乎？"子墨子曰：

"君子无斗"。子夏之徒曰："狗豨[①]犹有斗，恶有士而无斗矣？"

---

①豨：同"豨"。《方言》："猪，南楚谓之'豨'。"

子墨子曰："伤矣哉！言则称于汤文，行则譬于狗豨，伤矣哉！"

巫马子谓子墨子曰："舍今之人而誉先王[①]，是誉槁骨也。譬若匠人然，智槁木也，而不智生木。"子墨子曰："天下之所以生者，以先王之道教也；今誉先王，是誉天下之所以生也。可誉而不誉，非仁也[②]。"

---

①大王：犹前王也，如言尧、舜、禹、汤、文、武是。②也：当读为"邪"。

子墨子曰："和氏之璧，隋侯之珠[①]，三棘六异[②]，此诸侯之所谓良宝也；可以富国家，众人民，治刑政，安社稷乎？"曰："不可。所谓贵良宝者，为其可以利也。而和氏之璧，隋侯之珠，三棘六异，不可以利人，是非天下之良宝也。"

---

①隋侯见大蛇伤断，以药傅之；后蛇于江中衔大珠以报之，因曰隋侯之珠。　②棘：同"翮"；异：同"翼"，鼎耳也。三翮六翼：盖谓九鼎。

"今用义为政，［于］国家必富[①]，人民必众，刑政必治，社稷必安。所为贵良宝者，可以利民也，而义可以利人，故曰：‘义天下之良宝也。’”

①依陶说改。

叶公子高[①]问政于仲尼曰：“善为政者，若之何？”仲尼对曰：“善为政者，远者近之，而旧者新之。”

①叶公子高：楚大夫，名诸梁，食采于叶。

子墨子闻之曰：“叶公子高未得其问也，仲尼亦未得其所以对也。叶公子高岂不知善为政者之远者近[也]之，而旧者新[是]之哉[①]？问所以为之若之何也。不以人之所不智告人，[所]以所智告之[②]，故叶公子高未得其问也，仲尼亦未得其所以对也。”

①也，依毕说改“之”。是，依苏说改“之”。　②所，依毕校移“以”下。

子墨子谓鲁阳文君[①]曰：“大国之攻小国，譬犹童子之为马也。童子之为马，足用而劳[②]。今大国之攻小国也，攻者，农夫不得耕，妇人不得织，以守为事；攻人者，亦农夫不得耕，妇人不得织，以攻为事。故大国之攻小国也，譬犹童子之为马也。”

①鲁阳文君：楚平王孙，司马子期子。鲁阳：封邑。②足用而劳：谓自劳其足也。

子墨子曰："言足以复行①者，常之；不②足以举行者，勿常。不足以举行而常之，是荡口也③。"

①复行：同"履行"。　②不，依毕校增。　③谓不可行而空言，是徒敝其口也。

子墨子使管黔［滶］敖游高石子于卫①，卫君致禄甚厚，设之于［乡］卿②。高石子三朝必尽言，而言无行者。去而之齐，见子墨子曰："卫君以夫子之故，致禄甚厚，设我于［乡］卿。石三朝必尽言而言无行，是以去之也。卫君无乃以石为狂乎？"

①滶，依毕说改"敖"。游：谓游扬其名而使之仕也。管黔敖与高石子，俱墨子弟子。　②设：犹"置"也，列也。乡，依毕校改"卿"。

子墨子曰："去之苟道，受狂何伤①？古者周公旦非关叔②，辞三公，东处于商［盖］奄③，人皆谓之狂；后世称其德，扬其名，至今不息，且翟闻之，为义非避毁［誉］就誉；去之［道］苟道④，受狂何伤？"

①谓去之苟得其道，则虽受狂之名，亦庸何伤。 ②关叔：即管叔。关，“管”字假音。 ③盖，依王、孙说改“奄”。商奄：单言之，曰“奄”；合言之，则曰“商奄”。周公东征灭奄，居其地，后乃封为鲁也。 ④誉，依毕校移“就”下。道，依毕校移“苟”下。

高石子曰：“石去之，焉敢不道也。昔者夫子有言曰：‘天下无道，仁士不处厚焉。’今卫君无道而贪其禄爵，则是我为苟［陷］啗人［长］粻[①]也。”

①二字均依王本改。

子墨子说，而召子禽子曰：“姑听此乎！夫倍义而乡禄者，我常闻之矣。倍禄而乡义者，于高石子焉见之也！”

子墨子曰：“世俗之君子，贫而谓之富，则怒；无义而谓之有义，则喜；岂不悖哉！”

公孟子曰：“先人有则[①]，三而已矣。”子墨子曰：“孰先人而曰有则三而已矣[②]？子未智[③]人之先有。”

①先人：前人也。则：法也。 ②三：参也。言参师前人之法，不必变更也。 ③智：犹“知”也。

后生有反子墨子而反者：“我岂有罪哉？吾反后[①]。”子墨子曰：“是犹三军北失，后之人求赏也[②]。”

①后生：弟子也。上“反”字，不信之义。下二“反”字，为“返”之假字，归也。谓弟子中有曾反倍子墨子而后归从学者，其人曰：“我之来归从学，特后于他人耳，不足为罪也。”
②北：败北也。失：失道也。谓战败失道而后归，不得与胜者同赏也。

公孟子曰：“君子不作，术而已①。”

①术：同“述”。谓君子徒祖述而不创作也。

子墨子曰：“不然！人之其不君子者①，古之善者不［诛］訹，今［也］之善者不作②。其次不君子者，古之善者不［遂］述③，己有善则作之，欲善之自己出也。今［诛］訹而不作，是无所异于不好［遂］述而作者矣④。吾以为古之善者则［诛］訹之，今之善者则作之，欲善之益多也。”

①其：通“綦”，极也。其不君子：谓最下劣之人也。
②诛，依俞说改“訹”。訹，并“述”之假借字。也，依孙说改“之”。 ③次不君子：谓稍优者。遂，依毕说改“述”。
④谓述而不作，与彼次不君子者作而不述，同为偏颇也。

巫马子谓子墨子曰：“我与子异，我不能兼爱。我爱邹人于越人①，爱鲁人于邹人，爱我乡人于鲁人，爱我家人于乡人，爱我亲于我家人，爱我身于吾亲：以为近我也。击我则疾，击彼则不疾于我[②]，我何故疾者之不拂[③]，而［疾］不疾者之拂？故有［我有］杀彼以利我，无杀我以利彼[④]。”

①谓爱邹人过于爱越人也。下同。 ②疾：痛也。击彼则不疾于我：谓击他人则我不觉痛也。 ③拂：抗拒也。疾不，依毕校改“不疾”。 ④依俞说改。

子墨子曰：“子之义将匿邪？意将以告人乎[①]？”巫马子曰：“我何故匿我义？吾将以告人。”

①意：与“抑”通。

子墨子曰：“然则一人说子，一人欲杀子以利己；十人说子，十人欲杀子以利己；天下说子，天下欲杀子以利己。一人不说子，一人欲杀子，以子为施不祥言者也；十人不说子，十人欲杀子，以子为施不祥言者也；天下不说子，天下欲杀子，以子为施不祥言者也。说子亦欲杀子，不说子亦欲杀子，是所谓经者口也，杀［常］子之身者也。”[①]

①此节有脱误。大旨谓：巫马子倡此种利己论，其信奉之者，则将以实行其利己主义而欲杀之；其反对之者，则将以其言之有害人道而欲杀之。是则巫马子说一出，无论行与不行，均将召杀身之祸，更遑论其说之当否乎。常，依孙说改“子”。

子墨子曰：“子之言，恶利也[①]？若无所利而［不］必言，是荡口也。”②

---

①恶：读为去声，何也。　②不，依孙说改“必”。此节亦有脱误。

子墨子谓鲁阳文君曰：“今有一人于此，羊牛犓豢，［维］饔人但割而和之①，食之不可②胜食也。见人之作饼，则还然③窃之，曰：舍余食④，不知［日月］甘肥安不足乎⑤？其有窃疾乎？”鲁阳文君曰：“有窃疾也。”

---

①犓豢：同“刍豢”。维，依毕、孙说改“饔”，庖人也。但：即“袒”。袒，裼也。　②不可，依孙说增。　③还：为“瞏”之借字。瞏然，惊视貌。　④舍：“予”之借字，舍余食，犹言与我食也。　⑤日月，依曹耀湘本改“甘肥”。安：语助词，无意义。

子墨子曰：“楚［三意］四竟①之田，旷芜而不可胜辟；［评灵］呼虚数千，不可胜入②。见宋、郑之间邑③，则还然窃之。此与彼异乎？”鲁阳文君曰：“是犹彼也，实有窃疾也。”

---

①三意，依毕校，据《太平御览》改“四竟”。　②评灵，依孙说改“呼虚”。呼：“罅”之借字。呼虚：谓间隙虚旷之地也。入，依孙说增。　③闲邑：空邑也。

子墨子曰："季孙绍与孟伯常治鲁国之政，不能相信，而祝于［禁］蘩社曰[①]：'苟[②]使我和！'是犹弇其目而［视］祝于［禁］蘩社，［也］曰[③]：'苟使我皆视！'岂不缪哉！"

①禁，依王说改"蘩"。蘩，古"丛"字；丛社，见《明鬼》下篇。　②苟：犹"尚"也。　③视，依诸本改"祝"；也，依俞说改"曰"。

子墨子谓骆滑氂曰："吾闻子好勇。"骆滑氂曰："然！我闻其乡有勇士焉，吾必从而杀之。"

子墨子曰："天下莫不欲［与］兴其所好，度其所恶[①]。今子闻其乡有勇士焉，必从而杀之，是非好勇也，是恶勇也。"

①与，依王（引）说改"兴"。

贵　义

子墨子曰："万事莫贵于义。今谓人曰：'予子冠履，而断子之手足，子为之乎？'必不为。何故？则冠履不若手足之贵也。又曰：'予子天下而杀子之身，子为之乎？'必不为。何故？则天下不若身之贵也。争一言以相杀，是贵义于其身也[1]。故曰：'万事莫贵于义'也。"

①贵义于其身：言贵义过于其贵身也。

子墨子自鲁即齐，［即］[1]过故人，谓子墨子曰："今天下莫为义，子独自苦而为义？子不若已！"

①即，依毕校移"齐"上。即，就也，言由鲁至齐。

子墨子曰："今有人于此，有子十人，一人耕而九人处[1]，则耕者不可以不益急矣。何故？则食者众而耕者寡也。今天下莫为义，则子如[2]劝我者也，何故止我？"

①处：坐食也。　②如：犹"当"也。

子墨子南游于楚，见楚献惠王[1]。献惠王以老辞，使穆贺见子墨子。

---

①献惠王：即惠王，或系“献书惠王”之误。墨子于楚，在楚惠王五十年，即周考王之二年也。

子墨子说穆贺。穆贺大说，谓子墨子曰：“子之言则成[①]善矣，而君王天下之大王也，毋乃曰‘贱人之所为’而不用乎？”

---

①成：古通“诚”。

子墨子曰：“唯其可行，譬若药然：一[①]草之本，天子食之，以顺[②]其疾；岂曰‘一草之本’而不食哉？今农夫入其税于大人，大人为酒醴粢盛以祭上帝鬼神，岂曰‘贱人之所为’而不享哉？故虽贱人也，上比之农，下比之药，曾不若一草之本乎？且主君[③]亦尝闻汤之说乎？”

---

①一，依苏说增。　②顺：与“慎”通。　③主君：称穆贺。

“昔者汤将往见伊尹，令彭氏之子御。彭氏之子半道而问曰：‘君将何之？’汤曰：‘将往见伊尹。’彭氏之子曰：‘伊尹，天下之贱人也，若君欲见之，亦令召问焉，彼受赐矣。’汤曰：‘非女所知也！今有药于[①]此，食之则耳加聪，目加明，则吾必说而强食之。今夫伊尹之于我国也，譬之良医善药也，而子不欲我见伊尹，是子不欲吾善也。’因下彭氏之子，不使御。”

“彼苟然，然后可也。”②

---

①于，依苏说增。　②彼：古通“匪”。匪，犹“非”也。言人君之用贺，必非苟然，而贤始乐为之用也。

子墨子曰：“凡言凡动，利于天鬼百姓者为之；凡言凡动，害于天鬼百姓者舍之。凡言凡动，合于三代圣王尧舜禹汤文武者为之；凡言凡动，合于三代暴王桀纣幽厉者舍之。”

子墨子曰：“言足以迁①行者，常之；不足以迁行者，勿常。不足②以迁行而常之，是荡口也。”

---

①迁：践也。　②不足，依王校增。

子墨子曰：“必去六辟①，嘿则思，言则诲，动则事。使［者］三者代御②，必为圣人。必去喜，去怒，去乐，去悲，去爱，去恶③，而用仁义；手、足、口、鼻、耳从事于义，必为圣人。”

---

①辟：同“僻”；六僻：喜、怒、乐、悲、爱、恶也。②者三，依俞说改“三者”。三者：指嘿、言、动也。御：用也。使三者代御：谓更迭用此嘿、言、动三事也。　③去恶，依俞说增。

子墨子谓二三子曰："为义而不能，必无排[1]其道。譬若匠人之斫而不能，无排其绳。"

①排：当为"非"。

子墨子曰："世之君子，使之为一犬[1]一彘之宰，不能则辞之；使为一国之相，不能而为之，岂不悖哉？"

①一犬，依《群书治要》增。

子墨子曰："今瞽曰：'钜者白也，黔者黑也[1]。'虽明目者无以易之。兼白黑，使瞽取焉，不能知也。故我曰：'瞽不知白黑者，非以其名也，以其取也。'今天下之君子之名仁也，虽禹汤无以易之；兼仁与不仁而使天下之君子取焉，不能知也。故我曰：'天下之君子不知仁'者，非以其名也，亦以其取也。"

①钜：金刚石也。黔：烟煤也。墨：与"黑"古通用。

子墨子曰："今［事］士[1]之用身，不若商人之用一布之慎也。商人用一布，布不断[2]，不敢［继］[3]苟而雠焉，必择良者。今士之用身则不然：意之所欲则为之，厚者入刑罚，薄者被毁丑，则士之用身，不若商人之用一布之慎也。"

①事，依王（闿）说改“士”。　②不断，依王（闿）说增。布不断之“布”，钱也。藏者曰“泉”；行者曰“布”。不断：不增如也。雠：即“售”本字。　③继，依他本删。

子墨子曰：“世之君子，欲其义之成，而助之修其身则愠，是犹欲其墙之成，而人助之筑则愠也，岂不悖哉？”

子墨子曰：“古之圣王，欲传其道于后世，是故书之竹帛，镂之金石，传遗后世子孙，欲后世子孙法之也。［金］今闻先王之［遗］道而不为①，是废先王之传也。”

①金，依诸本改“今”。遗，依王说改“道”。

子墨子南游使卫，关①中载书甚多，弦唐子见而怪之。曰：“吾夫子教公尚过曰‘揣曲直而已②’，今夫子载书甚多，何有也③？”

①关：即“扃”也。古乘车箱輢间，以木为阑，中可置物，谓之“扃”，亦谓之“关”。　②揣：量也。谓但能揣量事理之曲直足矣，不须读书也。　③有：爱也。言何所爱于书也。

子墨子曰：“昔者周公旦，朝读书百篇，夕见漆①十士；故周公旦佐相天子，其修至于今。翟上无君上之事，下无耕农之难，吾安敢废此？”

①漆：与“七”通。

“翟闻之，同归之物，信有误者[1]；然而民听不钧[2]，是以书多也。今若过之心者，数逆[3]于精微；同归之物，既已知其要矣，是以不教以书也[4]。而子何怪焉？”

①《易·系辞》云“天下同归而殊途”。孔疏云：“言天下万事，终则同归于一。”此盖谓理虽同归，而言不能无误也。
②然：如此也。钧：与“均”通。民听不钧：谓传闻各异也。
③逆：钩考也。　④言苟得其精微，则无用以书为教。

子墨子谓公良桓子[1]曰：“卫，小国也，处于齐、晋之间，犹贫家之处于富家之间也。贫家而学富家之衣食，多用，则速亡必矣。今简[2]子之家，饰车数百，乘马食菽粟者数百匹，妇人衣文绣者数百人。［吾］若[3]取饰车食马之费与绣衣之财以畜士，必千人有余。若有患难，则使数百人处于前，数百人处于后[4]，与妇人数百人处前后孰安？吾以为不若畜士之安也。”

①公良桓子：卫大夫。　②简：阅也。　③吾，依俞说改“若”。　④数，依王说增。人处，依毕说增。

子墨子弟子[1]仕于卫，所仕者至而反。子墨子曰：“何故反？”对曰：“与我言而不［当］审[2]，曰：‘待女以千盆'[3]，授我五百盆，故去之也。"

---

①弟子，依孙说增。　②当，依孙说据后文改"审"。③盆：粟量名。

子墨子曰："授子过千盆，则子去之乎？"对曰："不去。"子墨子曰："然则，非为其不审也，为其寡也。"

子墨子曰："世俗之君子，视义士不若负粟者。今有人于此，负粟息于路侧，欲起而不能，君子见之，无长少贵贱必起之。何故也？曰：义也。今为义[为]之[1]君子，奉承先王之道以语之，纵不说而行，又从而非毁之，则是世俗之君子之视义士也，不若视负粟者[之]也。[2]"

---

①为，依毕校，据《太平御览》改"之"。　②之，依诸本改"也"。

子墨子曰："商人之四方，市贾[信]倍徙[1]；虽有关梁之难，盗贼之危，必为之。今士坐而言义，无关梁之难，盗贼之危，此为[信]倍徙不可胜计；然而不为，[财]则[2]士之计利，不若商人之察也。"

---

①信，依毕校改"倍"，徙：与"蓰"通。　②财，依毕校改"则"。

子墨子北之齐，遇日者①。日者曰："帝以今日杀黑龙于北方，而先生之色黑，不可以北。"子墨子不听，遂北；至淄水，不遂而反［爲］焉②。

①古人古候卜筮，通谓之"日者"。　②至淄水，不遂，依毕校增。爲，依诸本改"焉"。淄水，又称淄河。发源于泰沂山脉及东南部的鲁山山脉，经博山、淄川两区及青州市流入临淄区境内，再北去广饶县汇流小清河。

日者曰："我谓先生不可以北！"子墨子曰："南之人不得北，北之人不得南；其色有黑者，有白者，何故皆不遂也？且帝以甲乙杀青龙于东方，以丙丁杀赤龙于南方，以庚辛杀白龙于西方，以壬癸杀黑龙于北方，若用子之言，则是禁天下之行者也①，是围心而虚天下也②。子之言不可用也。"

①天、之，依毕校增。　②围心而虚天下：谓以迷信束缚人心，使天下之行人少也。

子墨子曰："吾言足用矣。舍吾言革思者①，是犹舍获而捃②粟也；以其言非吾言者，是犹以卵投石也。尽天下之卵，其石犹是也，不可毁也。"

①吾，依孙说增。革：便也。　②捃：拾穗也。

公孟

公孟子[①]谓子墨子曰："君子共[②]己以待，问焉则言，不问焉则止。譬若钟然，扣则鸣，不扣则不鸣。"

---

①公孟子：疑即孔子弟子公孟子高。　②共：读为"拱"，谓垂拱以待也。

子墨子曰："是言有三物焉，子乃今知其一［身］耳［也］[①]，又未知其所谓也。若大人行淫暴于国家，进而谏，则谓之不逊；因左右而献谏，则谓之言议：此君子之所疑惑[②]也。若大人为政，将因于国家之难，譬若机之将发也然[③]，君子之必以谏。然而大人之利有之也；君得之，则必用之矣[④]。若此者，虽不扣必鸣者也。若大人举不义之异行，虽得大巧之经[⑤]，可行于军旅之事；欲攻伐无罪之国，［有之也君得之则必用之矣］以广辟土地，著税伪材[⑥]，出必见辱[⑦]；所攻者不利，而攻者亦不利，是两不利也。若此者，虽不扣必鸣者也[⑧]。

---

①身，依王（引）说改"耳"。也，依王（引）说删。所谓是言有三物者，不扣则不鸣者一，虽不扣必鸣者二；而公孟子但云不扣则不鸣，是知其一而不知其二也。　②疑惑：谓言之无

益而有害，则君子迟疑不敢发。此明不扣而不鸣之一物。
③谓君主之政事，在应付国家之难，譬若危机一发之际。
④然而：犹言“是乃”。十一字，依苏说自下文移此。此谓君主若因君子之谏而得利，则必用君子矣。　⑤大巧之经：谓巧妙之经略。　⑥著：贮也。伪：为也。言贮税生财也。　⑦谓与他国战，必败无疑也。　⑧以上分言不扣必鸣之三物：其一，君行淫暴；其一，为政不善；其一，好攻伐。皆君子之所当谏也。

“且子曰：‘君子共己待，问焉则言，不问焉则止。譬若钟然，扣则鸣，不扣则不鸣。’今未有扣子而言，是子之所①谓不扣而鸣邪？是子之所谓非君子邪？”

---

①所，依孙说增。

公孟子谓子墨子曰：“实为善，人孰不知？譬若良［玉］巫，处而不出，有余［精］糈①。譬若美女，处而不出，人争求之；行而自炫，人莫［知］之②取也。今子遍从人而说之，何其劳也？”子墨子曰：“今夫世乱，求美女者众；美女虽不出，人多求之；今求善者寡，不强说人，人莫之知也。且有二生于此，善［星］筮③一；行为人筮者，一处而不出者，行为人筮者，与处而不出者，其［精］糈④孰多？”公孟子曰：“行为人筮者，其［精］糈多。”子墨子曰：“仁义钧，行说人者其功善亦多，何故不行说人也？”

①玉，依孙说改“巫”。精，依孙说改“糈”。　②知，依毕校改“之”。　③星，依王校改“筵”。　④精，依王说改“糈”。下同。

公孟子戴章甫搢［忽］忽[①]，儒服而以见子墨子曰：“君子服然后行乎？其行，然后服乎？”子墨子曰：“行不在服。”

①章甫：殷冠。《礼记·儒行》：鲁哀公问孔子儒服，对曰：“某长居宋冠章甫之冠。”搢：即“晋”字俗写。忽，依毕说改“忽”。忽，与“笏”通。戴章甫搢忽：谓峨然冠章甫而搢笏也。

公孟子曰：“何以知其然也？”子墨子曰：“昔者齐桓公，高冠博带，金剑木盾，以治其国，其国治。昔者晋文公，大布之衣，牂羊之裘，韦以带剑[①]，以治其国，其国治。昔者楚庄王，鲜冠组缨[②]，［绛］绛衣博袍[③]，以治其国，其国治。昔者越王勾践，剪发文身，以治其国，其国治。此四君者，其服不同，其行犹一也，翟以是知行之不在服也。”

①注详《兼爱》中下篇。　②鲜：同“缟”，生帛也。组：绶属。　③绛，依王（引）说改“绛”。绛，与“缝”“摓”“逢”同，大也；绛衣：大袂禅衣也。博：亦大也；袍：衣前襟也。

公孟子曰："善！吾闻之曰'宿善者不祥'①。请舍［忽］忽，易章甫，复见夫子可乎？"子墨子曰："请因以相见也。若［不］必②将舍［忽］忽易章甫而后相见，然则行果在服也。"

---

①宿：留也。谓知其善而不即行也。　②不，依苏说改"必"。

公孟子曰："君子必古言、服①，然后仁。"子墨子曰："昔者商王纣卿士，费仲为天下之暴人，箕子、微子为天下之圣人，此同言而或仁不仁也②。周公旦为天下之圣人，关叔③为天下之暴人，此同服，或仁或不仁。然则，不在古服与古言矣。"

"且子法周而未法夏也，子之古非古也。"

---

①谓言古言，服古服也。　②言同时之言而仁不仁异。③关叔：即管叔，详《耕柱》篇。

公孟子谓子墨子曰："昔者圣王之列也，上圣立为天子，其次立为卿大夫。今孔子博于诗书，察于礼乐，详于万物，若使孔子当圣王①，则岂不以孔子为天子哉？"

---

①谓当圣王之世。

子墨子曰：“夫知者，必尊天事鬼，爱人［用］节用[①]，合焉为知矣。今子曰‘孔子博于诗书，察于礼乐，详于万物’，而曰‘可以为天子’，是数人之齿[②]而以为富。”

①用节，依诸本改“节用”。　②齿：契之齿也。古者刻竹木以记数。其刻处如齿，故谓之齿。

公孟子曰：“贫富、寿夭，齰[①]然在天，不可损益。”又曰：“君子必学。”子墨子曰：“教人学而执有命，是犹命人葆而去［亦］亓冠也[②]。”

①齰：同“错”。　②葆：包发也。亦，依王（引）说改“亓”。亓，即“其”字。

公孟子谓子墨子曰：“有义不义，无祥不祥。”[①]子墨子曰：“古圣王，皆以鬼神为神明而为祸福，执有祥不祥，是以政治而国安也。自桀纣以下，皆以鬼神为不神明，不能为祸福，执无祥不祥，是以政乱而国危也。故先王之书亓子［亦］[②]有之曰：‘［亦］亓敖［也］心出于子不祥。’[③]此言为不善之有罚，为善之有赏。”

①谓寿夭、贫富皆有命，而鬼神不能为祸福也。　②子亦，依戴说改“亓子”。亓：古“其”字。其子，即“箕子”，周书篇名。　③亦，依毕校改“亓”，下同。也，依曹说改“心”。

子墨子谓公孟子曰："丧礼，君与父母、妻、后子死[①]，三年丧服；伯父、叔父、兄弟期戚[②]；族人五月；姑姊、舅甥皆有数月之丧。或以不丧之间，诵[③]诗三百，弦[④]诗三百，歌诗[⑤]三百，舞诗三百[⑥]。若用子之言，则君子何日以听治，庶人何日以从事？"

---

①后子：嗣子也。　②戚，依王校增。说详《节葬》下篇。　③《周礼·大司乐》郑注云："以声节之，曰诵。"　④《礼记·乐记》注云："弦，谓鼓琴瑟也。"　⑤《周礼·小师》注云："歌，依咏诗也。"　⑥谓舞人歌诗以节舞。墨子意谓不丧则又习乐，明其旷日废业也。

公孟子曰："国乱则治之，国[①]治则为礼乐；国［治］贫[②]则从事，国富则为礼乐。"

子墨子曰："国之治也，治之，故治也[③]；治之废，则国之治亦废。国之富也，从事，故富也；从事废，则国之富亦废。故虽治国，劝之无餍[④]，然后可也。今子曰'国治则为礼乐，乱则治之'，是譬犹噎而穿井也[⑤]，死而求医也。古者三代暴王桀、纣、幽、厉，荥[⑥]为声乐，不顾其民，是以身为刑僇，国为戾虚者[⑦]，皆从此道也。"

---

①国，依王校增。　②治，依王说改"贫"。　③六字依王（景）说增。　④犹云："勉之无已。"　⑤噎：饭窒

也。饭室，则思饮。 ⑥苶（ěr）：侈盛也。 ⑦戾虚：犹“虚戾”；戾，犹“厉”也。居宅无人曰“虚”；死而无后曰“厉”。

公孟子曰：“无鬼神。”又曰：“君子必学祭祀。”子墨子曰：“执无鬼而学祭礼，是犹无客而学客礼也，是犹无鱼而为鱼罟也。”

公孟子谓子墨子曰：“子以三年之丧为非；子之三［日］月[①]之丧，亦非也。”子墨子曰：“子以三年之丧非三［日］月之丧，是犹倮谓撅者不恭也[②]。”

---

①日，依毕说改“月”。 ②倮：赤体也。撅：揭衣也。

公孟子谓子墨子曰：“知有贤于人[①]，则可谓知乎？”子墨子曰：“愚之知有以贤于人，而愚岂可谓知矣哉？”

---

①谓偶有一事，贤于他人。

公孟子曰：“三年之丧，学吾子[①]之慕父母。”子墨子曰：“夫婴儿子之知，独慕父母而已。父母不可得也，然号而不止，此其故何也？即愚之至也。然则儒者之知，岂有以贤于婴儿子哉？”

---

①子，依俞说增。吾子：孺子也。

子墨子［曰］问于儒者曰[①]："何故为乐？"曰："乐以为乐也[②]。"子墨子曰："子未我应也。今我问曰：'何故为室？'曰：'冬避寒焉，夏避暑焉，室以为男女之别也。'则子告我为室之故矣。今我问曰：'何故为乐？'曰：'乐以为[③]乐也。'是犹曰：'何故为室？'曰：'室以为室也。'"

①曰，依苏说移下。 ②《说文》"乐、五音、八声总名。"引申为"哀乐"之"乐"。此第二乐字，用引申之义；古读二义同音，故墨子以"室以为室"难之。 ③为，依毕校增。

子墨子谓程子[①]曰："儒之道足以丧天下者，四政焉。儒以天[②]为不明，以鬼为不神；天鬼不说，此足以丧天下。又厚葬久丧，重为棺椁，多为衣衾，送死若徙；三年哭泣，扶后起，杖后行，耳无闻，目无见，此足以丧天下。又弦、歌、鼓、舞，习为声乐，此足以丧天下。又以命为有，贫富，寿夭，治乱，安危，有极[③]矣，不可损益也。为上者行之，必不听治矣；为下者行之，必不从事矣，此足以丧天下。"

①程子：即程繁，为兼治儒、墨之学者。 ②天，依毕校增。 ③有极：犹言"有定"。

程子曰："甚矣！先生之毁儒也。"子墨子曰："儒固无此［各］若[①]四政者，而我言之，则是毁也。今儒固有此四政者，而我言之，则非毁也，告闻[②]也。”

---

①各，依王说改“若”。若，亦“此”也。墨子书多谓“此”为“此若”，说见《鲁问》篇。　②告闻：谓唯以所闻告也。

程子无辞而出。子墨子曰：“［迷］还[①]之！”反，后坐，进复[②]曰：“乡者先生之言，有可［闻］间[③]者焉。若先生之言，则是不誉禹，不毁桀纣也。”[④]子墨子曰：“不然！[⑤]夫应孰辞，称议而为之，敏也[⑥]。厚攻则厚吾[⑦]，薄攻则薄吾。应孰辞而称议，是犹荷辕而击蛾[⑧]也。”

---

①迷，依孙说改“还”，墨子呼程子令还也。　②复：白也。谓程子进而白于墨子也。　③闻，依毕、孙说改“间”。间，非也。　④意谓墨子言本毁儒，而自以为非毁也。⑤谓非儒之言，不得以平日毁桀纣为比。　⑥应：当也。孰：商也。孰辞者，商度其是非得失，如上所谓告闻者是也。议：争辩也。称议者，举其善恶成败而辩其所以然，为世之法戒，如誉禹汤，毁桀纣是也。应孰辞，称议而为之：言其当孰辞则为之孰辞，当称议则为之称议也。敏：明智也。　⑦吾：为“圄”之略字。圄：与“御”同。　⑧蛾，同“蚁”。

子墨子与程子辩，称于孔子。程子曰：“非儒，何故称于孔子也？”子墨子曰：“是［亦］亓当而不可易者也[①]。今鸟闻热旱之忧则高，鱼闻热旱之忧则下[2]，当此虽禹汤为之谋，必不能易矣。鸟鱼可谓愚矣，禹汤犹云因焉[3]，今翟曾无称于孔子乎？”[4]

---

①亦，依俞说改“亓”。盖指孔子言，言我所称于孔子者，是其所说至当而不可易者也。　②闻：知也。忧：同“优”，盛也。　③云：犹“或”也。言鸟鱼虽愚，禹、汤犹或因之也。　④言孔子之言，有必不能易者，则翟安得不称之乎。

有游于子墨子之门者，身体强良，思虑徇通[1]，欲使随而学。子墨子曰：“姑学乎，吾将仕子。”劝于善言而学，其[2]年而责仕于子墨子。

---

①良：犹“强”也；徇：灵敏也。　②其：同“期”。

子墨子[1]曰：“不仕子！子亦闻夫鲁语乎？鲁有昆弟五人者。［亦］亓父死[2]，［亦］亓长子嗜酒而不预[3]葬，［亦］亓四弟曰：‘子［无］与[4]我葬，当为子沽酒。’劝于善言而葬；已葬而责酒于其四弟。四弟曰：‘吾未[5]予子酒矣。子葬子父，我葬吾父，岂独吾父哉？子不葬，则人将笑子，故劝子葬也。’今子为义，我亦为义，岂独我义也哉？子不学，则人将笑子，故劝子于学。”遂不复求仕[6]。

---

①子墨子，依毕校增。　②亦，依毕校改“亓”，下同。③预，据《意林引》增。预：与下文“与”同。　④无，依毕

校改“与”。⑤未：犹“不”也。⑥五字，据《意林引》补。

有游于子墨子之门者，子墨子曰：“盍学乎？”对曰：“吾族人无学者。”

子墨子曰：“不然！夫好美者，岂曰‘吾族人莫之好’，故不好哉？夫欲富贵者，岂曰‘吾族人莫之欲①’，故不欲哉？好美、欲富贵者，不视人②，犹强为之。夫义，天下之大器也，何以视人？必强为之！”③

---

①八字依毕校增。②言不视人之好不好，欲不欲也。③以上十六字，依毕校从下文移此。

有游于子墨子之门者，谓子墨子曰：“先生以鬼神为明知，能为［祸］人［哉］祸福①，为善者富之，为暴者祸之。今吾事先生久矣，而福不至，意者②，先生之言有不善乎？鬼神不明乎？我何故不得福也？”

---

①以上二十八字，亦依毕校，从下文移此。为祸人哉福，依王、孙说改为“人祸福”。②意者：疑词。

子墨子曰：“虽子不得福，吾言何遽不善，而鬼神何遽不明？子亦闻乎匿［徒之］刑徒①之有刑乎？”对曰：“未得之②

闻也。”

---

①依孙说改。刑徒：罪人也。　②之：犹“是”也。

子墨子曰：“今有人于此，什子[①]，子能什誉之，而一自誉乎？”对曰：“不能。”“有人于此，百子，子能终身誉[亦]亓善而子无一[②]乎？”对曰：“不能。”子墨子曰：“匿一人者犹有罪；今子所匿者，若此[亦]亓多，将有厚罪者也，何福之求？”

---

①什子：其贤过子十倍也。下云“百子”同。　②无一：谓无一自誉也。

子墨子有疾，跌鼻进而问曰：“先生以鬼神为明，能为祸福，为[①]善者赏之，为不善者罚之。今先生圣人也，何故有疾？意者，先生之言有不善乎？鬼神不明知乎？”

---

①为，依王校增。

子墨子曰：“虽使我有病，鬼神[①]何遽不明，人之所得于病者多方：有得之寒暑，有得之劳苦。百门而闭一门焉，则盗何遽无从入？[②]”[夫义天下之大器也何以视人必强为之]

---

①鬼神，依孙说增。　②闭、入，均依王说，据《鲁问》篇及《太平御览》引增。

二三子有复于子墨子学射者[1]，子墨子曰："不可！夫知者必量［亦］亓力所能至而从事焉。国士战且扶人，犹不可及[2]也。今子非国士也，岂能成学又成射哉？"

①既从学，又习射也。　②及：犹"兼"也。

二三子复于子墨子曰："告子曰：'墨子[1]言义而行甚恶。'请弃之。"子墨子曰："不可！称我言以毁我行，愈于亡[2]。有人于此，翟甚不仁[3]，尊天事鬼爱人，甚不仁，犹愈于亡也[4]。今告子言谈甚辩，言仁义而［不］吾毁，告［毁］子毁，犹愈亡也。"[5]

①墨子，依孙说增。　②亡：同"无"。　③仁：爱也。言与翟甚不相爱也。　④言能尊天事鬼爱人，则虽与翟甚不相爱，犹俞于无也。　⑤不，依孙说删。毁，依毕校移"子"下。

二三子复于子墨子曰："告子胜[1]为仁。"子墨子曰："未必然也。告子为仁，譬犹［跂］跂以为长，隐以为广[2]，不可久也。"

①胜：犹"堪"也。　②跂，依毕，据《文选》注，改"跂"。跂：与"企"通，举踵也。隐：与"偃"通。

告子谓子墨子曰：“我能[1]治国为政。”子墨子曰：“政者，口言之，身必行之。今子口言之，而身不行，是子之身乱也。子不能治子之身，恶能治国政？子姑亡[2]，子之身乱之矣。”

---

①能，依孙说增。　②谓子姑毋言“能治国为政”也。

鲁　问

鲁君①谓子墨子曰："吾恐齐之攻我也，可救乎？"子墨子曰："可！昔者三代之圣王禹汤文武，百里之诸侯也，说忠行义，取天下。三代之暴王桀纣幽厉，雠②怨行暴，失天下。吾愿主君之上者尊天事鬼；下者爱利百姓，厚为皮币，卑辞令，［函］亟③遍礼四邻诸侯；驱④国而以事，齐患可救也。非此，［愿］顾⑤无可为者。"

①鲁君：即鲁穆公。　②雠：古"售"字。售怨，犹言"价怨"。　③函：依孙说改"亟"，速也。　④驱：谓驱一国之众，以从事于战也。　⑤此，依王说增。愿，依王说改"顾"。顾，与"固"通。

齐将伐鲁，子墨子谓项子牛①曰："伐鲁，齐之大过也。昔者吴王东伐越，栖②诸会稽；西伐楚，葆③昭王于随；北伐齐，取国子④以归于吴。诸侯报其仇，百姓苦其劳而弗为用，是以国为虚戾⑤，身为刑戮也。昔者智伯伐范氏与中行氏，兼三晋⑥之地，诸侯报其仇，百姓苦其劳而弗为用，是以国为虚戾，身为刑戮，用是⑦也。故大国之攻小国也，是交相贼也，过必反于国[8]。”

①项子牛：齐田和将。　②山处曰“栖”。谓驱使越王勾践，栖于会稽山上也。　③葆：与“保”通。　④国子：齐将国书也。国书初立，故称“国子”。　⑤虚戾：义详《公孟》篇。　⑥三晋：谓晋三家，智氏、范氏、中行氏也。　⑦用是：犹言“由是”。　⑧过：读为“祸”。谓其祸终必还复于己国也。

子墨子见齐大王[1]曰：“今有刀于此，试之人头，倅[2]然断之，可谓利乎？”大王曰：“利。”子墨子曰：“多试之人头，倅然断之，可谓利乎？”大王曰：“利。”子墨子曰：“刀则利矣，孰将受其不祥？”大王曰：“刀受其利，试者受其不祥。”子墨子曰：“并国覆军，贼［敖］杀百姓[3]，孰将受其不祥？”大王俯仰而思之，曰：“我受其不祥。”

①大：读为“太”；大王：即齐太公田和。齐僭王号之后，尊之为“大王”也。　②倅：“卒”字异文，读如“仓猝”之“猝”。　③敖，依毕说改“杀”。杀，古“杀”字。

鲁阳文君将攻郑，子墨子闻而止之，谓鲁[1]阳文君曰：“今使鲁阳四境之内[2]，大都攻其小都，大家伐其小家，杀其民人，取其牛马狗豕、布帛、米粟、货财，则何若？”鲁阳文君曰：“鲁阳四境之内，皆寡人之臣也。今大都攻其小都，大家伐其小家，夺之货财，则寡人必将厚罚之。”子墨子曰：“夫天之兼有天下也，亦犹君之有四境之内也。今举兵将以攻郑，天诛［亦］亓[3]不至乎！”

鲁阳文君曰：“先生何止我攻郑也？我攻郑，顺于天之志。郑人三世杀其父[4]，天加诛焉，使三年不全[5]，我将助天诛也。”子墨子曰：“郑人三世杀其父，而天加诛焉，使三年不全，天诛足矣！今又举兵将以攻郑，曰：‘吾攻郑也，顺于天之志。’譬有人于此，其子强梁[6]不材，故其父笞之，其邻家之父举木而击之，曰：‘吾击之也，顺于其父之志。’则岂不悖哉？”

---

①鲁，依毕校增。　②阳，依毕说增，下同。　③亦，依他本改“亓”。　④三世杀其父：孙谓当为“二世杀其君”。《史记·郑世家》：“哀公八年，郑人弑哀公而立声公弟丑，是为共公。三十年，共公卒，子幽公已立。幽公元年，韩武子伐郑，杀幽公。”　⑤全：犹“成”也。不全：谓岁凶。⑥强梁：任威使气之貌。

子墨子谓鲁阳文君曰：“攻其邻国，杀其民人，取其牛马、粟米、货财，则书之于竹帛，镂之于金石，以为铭于钟鼎，传遗后世子孙，曰：‘莫若我多［吾］。[1]’今贱人也，亦攻其邻家，杀其人民，取其狗豕、食粮、衣裘，亦书之竹帛，以为铭于席豆[2]，以遗后世子孙，曰：‘莫若我多’，［亦］亓可乎？”[3]鲁阳文君曰：“然！吾以子之言观之，则天下之所谓可者，未必然也。”

---

①多吾，依毕校改“我多”。战功曰“多”。　　②席：同“度”，杖也。　　③亦，依他本改“亓”。

子墨子为[1]鲁阳文君曰：“世俗之君子，皆知小物而不知大物。今有人于此，窃一犬一彘，则谓之不仁；窃一国一都，则以为义。譬犹小视白谓之白，大视白则谓之黑。是故世俗之君子，知小物而不知大物者，此若言之谓也。”

---

①为：与“谓”古通。

鲁阳文君语子墨子曰：“楚之南有啖人之国者，［桥］传[1]其国之长子生，则解而食之，谓之‘宜弟’。美，则以遗其君；君喜，则赏其父。岂不恶俗哉？”

---

①桥：依李说改“传”，谓传闻也。

子墨子曰：“虽中国之俗亦犹是也。杀其父而赏其子[1]，何以异食其子而赏其父者哉？苟不用仁义，何以非夷人食其子也？”[2]

---

①谓与师攻伐，使其父战死，而赏其子也。　　②谓何以异于夷人之食其子也。

鲁君之嬖人死，鲁［君］人为之诔，鲁［人］君因说而用之①。子墨子闻之曰："诔者，道死人之志也，今因说而用之，是犹以［来］耒首从服也②。"

①君人，依苏说互改。　②来，依王本改"耒"；耒首：耜也。服：辕马也。以马驾耜，明其用非所长也。

鲁阳文君谓子墨子曰："有语我以忠臣者：'令之俯则俯，令之仰则仰，处则静，呼则应'，可谓忠臣乎？"子墨子曰："令之俯则俯，令之仰则仰，是似景①也；处则静，呼则应，是似响也。君将何得于景与响哉？若以翟之所谓忠臣者，上有过则微②之以谏；己有善则访之上，而无敢以告外③；匡其邪而入其善④，尚同⑤而无下比，是⑥以美善在上而怨仇在下，安乐在上而忧戚在臣。此翟之所⑦谓忠臣者也。"

①景：古"影"字。　②微：伺间之也，谓伺君之间而谏之也。　③访：谋也。谓进其谋于上而不敢以告人也。　④匡，依毕说增。入其善：谓纳之于善也。　⑤尚：与"上"通。同，依王校，据《尚同》篇增。　⑥是，依王校，据《尚贤》篇增。　⑦所，据吴钞本补。

鲁君谓子墨子曰："我有二子：一人者好学，一人者好分人财，孰以为太子而可？"子墨子曰："未可知也。或所为赏

[兴] 与为是也[1]。鲋[2]者之恭，非为鱼赐也；饵鼠以 [虫] 蛊，非爱 [人] 之也[3]。吾愿主君之合其志功而观焉。”

①兴，依他本改“与”。与：与“誉”通。言好学与分财，或因求赏赐名誉，而伪为之，不必真好也。　②鲋：与“钓”同。　③虫，依孙说改“蛊”。蛊，犹“毒”也。人，依他本改“之”。

鲁人有因子墨子而学其子者，其子战而死，其父让[1]子墨子。子墨子曰：“子欲学子之子，今学成矣。战而死而子愠，是犹欲粜，[籴] 粜雠则愠也[2]，岂不费[3]哉！”

①让：责也。　②籴，依王说改“粜”。　③费，“悖”之借字，应读为“悖”。

鲁之南鄙人有吴虑者，冬陶夏耕，自比于舜。子墨子闻而见之。

吴虑谓子墨子曰[1]：“义耳！义耳！焉用言之哉？”子墨子曰：“子之 [谓] 所谓义者[2]，亦有力以劳人[3]，有财以分人乎？”吴虑曰：“有。”

①曰，依孙说补。　②谓，据吴钞本移“所”下。③劳人：为人任其劳也。

子墨子曰：“翟尝计之矣。翟虑耕天下而食之人矣，盛，然后当一农之耕[①]，一农之耕[②]分诸天下，不能人得一升粟。籍[③]而以为得一升粟，其不能饱天下之饥者，既可睹矣。翟虑织而衣天下之人矣，盛，然后当一妇人之织，一妇之织分诸天下不能人得尺布。籍而以[④]为得尺布，其不能暖天下之寒者，既可睹矣。翟虑被坚执锐，救诸侯之患矣[⑤]，盛，然后当[⑥]一夫之战。一夫之战，其不御三军，既可睹矣。翟以为，不若诵先王之道而求其说，通圣人之言而察其辞；上说王公大人，次匹夫徒步之士。王公大人用吾言，国必治，匹夫徒步之士用吾言，行必修。故翟以为虽不耕而食饥，不织而衣寒，功贤于耕而食之，织而衣之者也。故翟以为虽不耕织乎，而功贤于耕织也。”

①谓至多不过当一农之耕也。　②依吴说补，下“一妇之织”四字同。　③籍：与“藉”通。　④以，据上文增。　⑤矣，据上文增。　⑥当，依诸本增。

吴虑谓子墨子曰：“义耳！义耳！焉用言之哉？”

子墨子曰：“籍设而天下不知耕，教人耕与不[①]教人耕而独耕者，其功孰多？”吴虑曰：“教人耕者其功多。”子墨子曰：“籍设而攻不义之国，鼓而使众进战，与不鼓而使众进战而独进战者，其功孰多？”吴虑曰：“鼓而进众者其功多。”子墨子曰：“天下匹夫徒步之士少知义，而教天下以义者，功亦多，何故弗言也？若得鼓而进于义，则吾义岂不益进哉？”

子墨子游公尚过于越。公尚过说越王，越王大说，谓公尚过曰：“先生苟能使子墨子至②于越而教寡人，请裂故吴之地方五百里以封子墨子。”公尚过许诺。

遂为公尚过束车五十乘以迎子墨子于鲁。曰：“吾以夫子之道说越王，越王大［悦］说③，谓过曰：‘苟能使子墨子至于越而教寡人，请裂故吴之地方五百里以封子。’”

①不，依毕说增。　②至，依宝历本补。　③悦，依毕校改“说”。悦，为“说”之俗写。

子墨子谓公尚过曰：“子观越王之志何若？意越王将听吾言，用我道，则翟将往，量腹而食，度身而衣，自比于群臣，［不］奚能以封为哉①？抑［越］王②不听吾言，不用吾道，而我往焉，则是我以义粜也。钧之粜，亦于中国耳，何必于越哉？”

①不，依毕校改“奚”。能：犹“乃”也。　②越，依李说改“王”。

子墨子游魏越①。曰：“既得见四方之君子，则将先语？”②子墨子曰：“凡入国，必择务而从事焉。国家昏乱，则语之尚贤、尚同；国家贫，则语之节用、节葬；国家憙音、湛湎③，则语之非乐、非命；国家淫僻无礼，则语之尊天、事鬼；国家务夺、侵凌，即语之兼爱、非攻[4]。故曰[5]‘择务而从事’焉。”

---

①魏越：墨子弟子。游魏越，使魏越游也。 ②曰：魏越言也。将先语：谓将以奚语为先。 ③憙：说也。湛，与“沉”通。谓沉湎于酒也。 ④即：与“则”通。攻，依王校补。 ⑤故，依王校补。

子墨子[曰][出]士曹公子[而]于宋[1]，三年而反，睹子墨子曰：“始吾游于子之门，短褐之衣，藜藿之羹朝得之则夕弗得，弗得祭祀鬼神[2]。今而以夫子之[政]教[3]，家厚于始也。[有]为家厚，谨祭祀鬼神[4]。然而人徒多死，六畜不蕃，身湛于病，吾未知夫子之道之可用也。”

子墨子曰：“不然！夫鬼神之所欲于人者多：欲人之处高爵禄则以让贤也；多财则以分贫也。夫鬼神岂唯[擢]攫[季]黍[拑]折肺之为欲哉[5]？今子处高爵禄而不以让贤，一不祥也；多财而不以分贫，二不祥也。今子事鬼神，唯祭而已矣，而曰：‘病何自至哉？’是犹百门而闭一门焉，曰：‘盗何从入。’若是而求福于有[怪]灵之鬼神[6]，岂可哉？”

---

①曰、而，依王校删。出，依俞说改“士”。士，与“仕”通。曹公子：亦墨子弟子。 ②弗得，依孙说增。言虽藜藿之羹尚不能朝夕常给，故不得祭祀鬼神也。 ③今、教，依王说补。 ④有，依刘说改“为”。为，犹“因”也。谓因家道之

丰，得谨从事于祭祀也。　⑤擢，依孙说改“攫”。季，依王（引）说改“黍”。《曲礼》云：“饭黍毋以箸。”又郑注云：“礼，饭以手。”即所谓“攫”也。拑，依王（景）说改“折”。折：断也，离也。《仪礼》言，肺有二种：有举肺，为食而设，割而不绝；有祭肺，为祭而设，割之使绝。　⑥怪，依陈说改“灵”。神，依孙说增。

鲁祝以一豚祭，而求百福于鬼神，子墨子闻之，曰：“是不可。今施人薄而望人厚，则人唯恐其有赐于己也。今以一豚祭，而求百福于鬼神，鬼神[①]唯恐其以牛羊祀也。古者圣王事鬼神，祭而已矣[②]；今以豚祭而求百福，则其富不如其贫也。”

---

①鬼神，依孙说增。　②谓徒祭而不求福也。《礼器》“祭祀不新”，郑注云：“祭祀不为求福也。”

彭轻［生］谓子墨子曰[①]：“往者可知，来者不可知。”

---

①彭轻：墨子弟子。生，依王（闿）说改“谓”，墨子，二字依陈说增。

子墨子曰：“籍设而亲在百里之外[①]，则遇难焉；期以一日也，及之则生，不及则死。今有固车良马于此，又有奴马、四隅之轮于此[②]，使子择焉，子将何乘？”对曰：“乘良马固车，可以速至。”

①籍："藉"之借字。而：汝也。　②奴：古通作"弩"。四隅之轮：言轮之多角而不便于行也。

子墨子曰："焉［在矣］往知来。"[①]

①二字依陈说改。焉：犹"于"也。言观于往而知来也。

孟山誉王子闾曰："昔白公之祸，执王子闾[①]，斧钺钩要，直兵当心[②]，谓之曰：'为王则生，不为王则死。'王子闾曰：'何其侮我也！杀我亲而喜我以楚国。我得天下而不义，不为也，又况于楚国乎？'遂死而不为[③]。王子闾岂不仁哉？"

子墨子曰："难则难矣，然而未仁也。若以王为无道，则何故不受而治也？若以白公为不义，何故不受王，诛白公，然而反王[④]？故曰：'难则难矣，然而未仁也。'"

①王子闾：楚平王子，名启。《左传》哀十六年："白公欲以子闾为王，子闾不可，遂劫以兵。"　②要："腰"本字。直兵：剑矛之属。　③死，依孙说增。　④然：犹"焉"也，言何不权受王位以诛白公，然后返其王位也。

子墨子使胜绰[①]事项子牛，项子牛三侵鲁地而胜绰三从。子墨子闻之，使高孙子[②]请而退之，曰："我使绰也，将以济骄而正嬖也[③]。今绰也禄厚而谲夫子，夫子三侵鲁而绰三从，是鼓鞭于马靳[4]也。翟闻之，言义而弗行，是犯明[5]也。绰非弗之知也，禄胜义也。”

---

①胜绰：墨子弟子。　②高孙子：亦墨子弟子。　③济：止也。襞：同“僻”。　④靳：马当胸革也，言马欲行而前，犹使人仕而反来侵我也。　⑤犯明：谓明知故犯。

昔者楚人与越人舟战于江。楚人顺流而进，迎流而退，见利而进，见不利则［退］[1]其退难，越人迎流而进，顺流而退，见利而进，见不利则［退］其退速。越人因此若［执函］埶，亟败楚人[2]。公输子［曰］自鲁南游楚[3]，焉[4]始为舟战之器，作为钩［强］拒[5]之备；退者钩之，进者［强］拒之。量其钩［强］拒之长而制为之兵；楚之兵节，越之兵不节。楚人因此若［执函］埶，亟败越人。

---

①退，依诸本删下同。　②执、函，依王说改“埶、亟”，下同。埶：“势”古字。亟：数也。若：亦“此”也，言越人因此水势，遂数败楚人也。　③公输子即下公输盘（又称公输班、公输般），鲁哀公时巧人。曰，依毕校删。　④焉：犹“于是”也。　⑤强，依毕说，据《太平御览》《事物纪原引》改“拒”，下同。

公输子善其巧，以语子墨子曰：“我舟战有钩［强］拒，不知子之义亦有钩［强］拒乎？”

子墨子曰："我义之钩［强］拒，贤于子舟战之钩［强］拒。我钩［强］拒，我钩之以爱，［揣］拒[①]之以恭。弗钩以爱，则不亲；弗［揣］拒以恭，则速狎；狎[②]而不亲，则速离。故交相爱，交相恭，犹若相利也。今子钩而止人，人亦钩而止子；子［强］拒而距人，人亦［强］拒而距子。交相钩，交相［强］拒，犹若相害也。故我义之钩［强］拒，贤子舟战之钩［强］拒。"

---

①揣，依孙说亦改"拒"，下同。　　②狎，依毕校增。

公输子削竹木以为鹊[①]，成而飞之，三日不下，公输子自以为至巧。

子墨子谓公输子曰："子之为鹊也，不如翟[②]之为车辖，须臾［刘］斲[③]三寸之木而任五十石之重。故所为巧：利于人，谓之巧；不利于人，谓之拙。"

---

①鹊：与"鹊"同。　　②翟：墨子自称。　　③刘，依王说改"斲"。斲，斫也。

公输子谓子墨子曰："吾未得见之时，我欲得宋；自我得见之后，予我宋而不义，我不为。"子墨子曰："翟之未得见之时也，子欲得宋；自翟得见子之后，予子宋而不义，子弗为，是我予子宋也。子务为义，翟又将与子天下。"

公　输

公输盘为楚造云梯之械，成，将以攻宋。子墨子闻之，［起于齐］自鲁往，裂裳裹足，日夜不休①，行十日十夜而至于郢，见公输盘。

①依王说，据《世说新语·文学篇》注引、《文选·广绝交论》注引、《吕氏春秋·爱类篇》改。

公输盘曰："夫子何命焉为？"子墨子曰："北方有侮臣，愿藉子杀之。"公输盘不说。子墨子曰："请献十金。"公输盘曰："吾义固不杀人。"

子墨子起，再拜曰："请说之。吾从北方闻子为梯，将以攻宋。宋何罪之有？荆国有余于地而不足于民，杀所不足而争所有余，不可谓智。宋无罪而攻之，不可谓仁。知而不争，不可谓忠。争而不得，不可谓强。义不杀少而杀众，不可谓知类。"

公输盘服。子墨子曰："然［乎］胡①不已乎？"公输盘曰："不可！吾既已言之王矣。"子墨子曰："胡不见我于王。"公输盘曰："诺！"

---

①乎，依孙说改“胡”。

子墨子见王，曰：“闻大王将攻宋，有之乎？”王曰：“然！”①子墨子曰②：“今有人于此，舍其文轩，邻有敝轝而欲窃之；舍其锦绣，③邻有短褐而欲窃之；舍其粱肉，邻有糠糟而欲窃之。此为何若人？”王曰：“必为有窃疾矣④”。

---

①据《世说》注引增。　②依陈说增。　③以上十二字依毕校增。文轩：文饰之车也。轝，“舆”字异文。　④有，依王说增。

子墨子曰：“荆之地方五千里，宋之地方五百里，此犹文轩之与敝轝也。荆有云梦，犀、兕、麋、鹿满之，江汉之鱼、鳖、鼋、鼍为天下富；宋所为无雉、兔、［狐狸］鲋鱼者也①；此犹粱肉之与糠糟也。荆有长松、文梓、楩、柟、豫章②，宋无长木，此犹锦绣之与短褐也。臣以三事③之攻宋也，为与此同类。臣见大王之必伤义而不得。”④

---

①为：与“谓”通。狐狸，依毕、孙、王说改“鲋鱼”。②文梓：美梓也。楩：杞也，似梓。柟：常绿大乔木。豫章：楠类，皆大木。　③事：古通作“吏”。三吏，谓楚国之三卿。④依毕校增。

王曰：“善哉！虽然，公输盘为我为云梯，必取宋。”

于是见公输盘。子墨子解带为城，以褋为械，公输盘九设攻城之机变，子墨子九距之。公输盘之攻械尽，子墨子之守圉[①]有余。公输盘诎[②]，而曰："吾知所以距子矣，吾不言。"子墨子亦曰："吾知子之所以距我，吾不言。"

①圉：同"御"。　②诎：屈也。

楚王问其故，子墨子曰："公输子之意，不过欲杀臣。杀臣，宋莫能守，可攻也。然臣之弟子禽滑釐等三百人，已持臣守圉之器，在宋城上而待楚寇矣；虽杀臣，不能绝也。"

楚王[①]曰："善哉！吾请无攻宋矣。"

①楚王，依诸本增。

子墨子归，过宋，天雨，庇其闾中，守闾者不内也[①]。故曰："治于神者，众人不知其功。争于明者，众人知之。"

①闾：里门也。内：读为"纳"。《周礼·乡大夫》云："国有大故，则令民各守其闾，以待政令。"时楚将伐宋闻之，故墨子归过宋，守闾者恐其为间谍，不听入也。